唯有一以贯之地自驱，

才能在不同周期都以向上的姿势前进

SELF-INITIATION

穿越周期的超能力

史伟栋 / 著

电子工业出版社
Publishing House of Electronics Industry
北京·BEIJING

内容简介

本书由王方华教授和陈春花教授作序推荐，它是作者对个人成长进行长期沉淀与总结的作品，展现了作者对于职场精进与管理模式的深度思考和判断。

作者曾在罗莱家纺、水星家纺、红星美凯龙、拼多多、腾讯等知名企业担任高层管理者，基于其在传统行业与互联网行业多年的实践经验，他在本书中对自我管理、组织管理、市场趋势和商业模式进行了深入剖析，同时提出了向内探求、向外探寻两种重塑自我认知的路径，既有实践方法，也有落地场景。

纵观行业变化，唯有一以贯之地自驱，不断精进自我，从内在动力出发，才能在不同的周期都以向上的姿势前进。面对不确定性的未来，唯有感知变化，自我革新，成为解决问题的高手，才能步步为赢，一路跃迁。

未经许可，不得以任何方式复制或抄袭本书之部分或全部内容。
版权所有，侵权必究。

图书在版编目（CIP）数据

自驱：穿越周期的超能力 / 史伟栋著 . —北京：电子工业出版社，2023.7
ISBN 978-7-121-45734-0

Ⅰ．①自… Ⅱ．①史… Ⅲ．①企业管理 Ⅳ．① F272

中国国家版本馆 CIP 数据核字（2023）第 102315 号

责任编辑：滕亚帆　　　　　　特约编辑：田学清
印　　刷：天津千鹤文化传播有限公司
装　　订：天津千鹤文化传播有限公司
出版发行：电子工业出版社
　　　　　北京市海淀区万寿路 173 信箱　　邮编：100036
开　　本：880×1230　1/32　印张：8.75　字数：235.48 千字
版　　次：2023 年 7 月第 1 版
印　　次：2023 年 7 月第 1 次印刷
定　　价：79.00 元

凡所购买电子工业出版社图书有缺损问题，请向购买书店调换。若书店售缺，请与本社发行部联系，联系及邮购电话：（010）88254888，88258888。
质量投诉请发邮件至 zlts@phei.com.cn，盗版侵权举报请发邮件至 dbqq@phei.com.cn。
本书咨询联系方式：faq@phei.com.cn。

推荐序一

心上修炼

泰山书院成立后,我建议书院的弟子们将实践和真知总结出来出版几本书,夯实自我的认知和心性修为,伟栋是最早响应的。这得益于他从2013年就开始坚持一个良好的习惯,每天写"朝思暮想"心得笔记,通过公众号发布且影响了不少的职场人。他将自己多年的心得笔记整理出来集合成了本书。

伟栋曾在罗莱家纺、水星家纺、红星美凯龙、拼多多、腾讯等知名企业担任高层管理者,近十年的笔记记录了他的成长轨迹和心得体悟。他是泰山书院团队中学和习的表率,更是创业项目中坚持知行合一的实践者。书中内容也曾在教育机构论坛和公开课中分享过,相信本书对职场人有一定的辅导和指导作用。

泰山书院正在尝试全面、深入地探讨中国式管理的范式,提供给企业家和经理人面对未来管理挑战的指南。本书由微观到宏观，从自我、职场、组织、商业、世界观等维度进行了有益的探索，对"心"和"管理"的理解与应用贯穿始终，读者可以以此来指导自己的事业和人生。

提到心学，大家首先会想到阳明心学，其在中国、日本等国家及全球影响日盛。事实上，阳明先生的思想是从孟子到陆九渊一脉相承的。时至今日，越来越多的管理思想深受心学的影响，只不过还没有形成一套完整的理论体系，不知如何将心学在管理上的应用结构化和功能化。本书没有讲心学，又确实是"心·管理"之于个人成长和企业发展的应用。

最早，孟子讲了四个"心"：本心、存心、尽心和放心。人们在生活与工作中会受到外物和利益的影响、诱惑，学问之道就是在"跑偏"的时候把自己的本心找回来。本书也始终在讲这四个"心"，你如果在读书过程中用心与作者沟通，就能得到启发。

朱熹是"程朱理学"的代表人物之一，认为"性即理"，同时代的陆九渊提出了"心即理"（心理合一），而且朱熹和陆九渊在历史上留下了著名的"鹅湖之会"的佳话故事，自此，站在理学对立面的心学就正式诞生了。在此基础上发展和拓展的阳明心学，如"致良知""知行合一""持志如心痛"等，深入人心。本书亦有相关内容的阐述，我认为作者也是如此，努力地想做到更好。

那么，心性修行与职业发展、管理之道有什么关系呢？这就是中国人"天人合一"的智慧了。从人伦哲理上来说，管理者（领导）要尽为人之理，即"止于仁"，动以情。通俗地说，"天人合一"的人伦哲理就是敬天、爱人。

所谓"敬天"，就是人的社会行为要符合自然时序，严格遵守自然规律，对万物的化育，只能"赞"不能"管"，只能"弘道"而不能"改道"，只能"助长"而不能"揠苗"。"爱人"就是中国传统意义上的"仁者爱人"。从管理学上来说是"仁爱"，意为宽仁、慈爱，是一种爱护、同情的感情。人而无情，何以为人？人与人之间缺少了真情，生活、工作就没有了情趣，陷于苦闷，沦为"内卷"。因此，管理者首先需要重视生命的情调，做人做事的情操，以及对宇宙万物的真情。

"天人合一"对管理学的启示还包括修德、有能、启智、维序和遵信，这是管理者必备的五个内功。第一是修德。一个人修德行善，与其他人才会心意相通，因为修德的人，就不会以自我为中心，不会自私自利，而会替别人考虑。这样，别人自然跟他有默契，德行可以使大家心意相通。诚然，管理者讲究的是德位相配，"德不配位，必遭其殃"。第二是有能。作为管理者要有能力，如远古圣人伏羲："仰则观象于天，俯则观法于地，观鸟兽之文与地之宜，近取诸身，远取诸物，于是始作八卦，以通神明之德，以类万物之情。"意思是：抬头观察天体的现象，低头观察大地的规则，观察鸟兽纹理同大地景物的适宜，近处择取自己的各种亲身体验，远处择取观察到的诸多事物，于是根据这些情况开始创作八卦，用来领会神明的道德，用来类比万物的情态。可见，古代先贤不仅有德行，而且具有观天察地、总结经验、发展经济改善生活的能力。第三是启智。管理者不只是靠德行和能力生存的，还得有智慧。否则，当碰到复杂的人际问题，或者产生各种困惑时，将不知该怎么办。作为管理者，需要启智。启智能够在明辨是非曲直的基础上形成趋利避害的判断力。第四是维序。维序，即遵循正义的生活道路，坚守社会的基本信条，维系社会的规则形式，这是必须遵守并履行的程序法。第五是遵信。遵信，即对于承诺的遵行和对他人的高度尊重。诚实可靠就是信，实之为信。

  本书探求在当下及未来"复杂性"和"不确定性"的大环境下，个人和企业的应对之策，这是非常有价值的探索。比如，书中讲到了"用户的真实需求是源泉""面对不确定性，要选择拥抱,而不是逃避""改变自己而非改变环境""悲观者永远正确,乐观者永远成功""复盘才能翻盘""只有保持好奇心,我们才会有梦想和目标""做好基本盘""不确定性要求组织保持足够的敏感性和韧性""把读书看成社交,跨越时空和'牛人'聊几句"等,都是很好的洞见和智慧。

当今社会唯一能够确定的就是不确定性。不确定性是常态,也是世间万物的变化之源。因此,人就应该效法天道,不违天逆常,"顺时适变"才可以保持长久。"顺时适变"是中国先贤应对复杂性和不确定性的管理智慧。"顺时适变"要求人的行为与天、地、人、万物的运动变化产生协同,发生共振,在相通相协中顺畅地实现发展目标。

"天行健,君子以自强不息"。"君子"在古代指有地位的人,相当于现在的管理者、管理学者或领导者。负重前行开好局,首先是管理者继承"君子以自强不息"的民族精神,身体力行,率众开好局,起好步。

"君子以自强不息"精神的守正创新,就是管理者面对复杂性和不确定性的挑战,要"善学""好思""敢为""敢创"。古人云:"善学者明,善思者智,善行者远,善领者众。"在新时代,管理者"善学"是指接受新知识,把握新形势;管理者"好思"是指勤于思辨,"唯变所适",在变化中把握主动权;管理者"敢为"是指善行,笃行不怠,迎难而上,"道虽迩,不行不至;事虽小,不为不成",管理者要求真务实,把精力投入到谋发展、求实效中;管理者"敢创"是指敢为人先,守正创新,把握时代,引领时代,超前谋划,高效工作,高质量发展。

以上是我结合中华传统文化对本书内容和"心·管理"的一些补充延伸,而书中的内容更为完整地阐述了上述思想、理念、方法,让读者有抓手,可实践。

最后,引用熊培云的《存在》这首诗来结束本序言:你睁开眼睛,星星有了光;你迈开双腿,森林有了路;你采摘玫瑰,风中有了爱情;你想象,天堂有了四季;你是你的宇宙,最古老的王者;你感受,生命从此有了时间;你思想,大地从此万物奔流;你归于寂静,世界再无消息。

日拱一卒,不必嫌慢;脚踏实地,奔向明天。

王方华教授

上海交通大学校长特聘顾问

上海市管理科学学会理事长

上海交通大学安泰经济与管理学院原院长

2023 年 2 月

推荐序二

生命最美之处在于成长

阅读本书，就如一位好友坐在你的面前倾心而谈。"我和你一样，是一个普通人，我自认为自己不是人群中的天赋型高手。一路走来，羁绊坎坷没有让我退却，长期主义的坚持反而让羁绊坎坷的经历成了越过山丘的垫脚石。"作者在谈起自己的成功和著书初心时，特别朴素，就是希望自己作为一个普通人的成功经历，能够激励更多的普通人勇敢前行，更好地做行动、做选择。

我长期从事组织管理研究，研究中看那些成功的企业或不同领域的优秀个体，发现其都有一个共性的特征，那就是自我成长。我曾告诉自己的学生："如果你想知道自己是否优秀，你就可以看看自己的自我成长是否足够。"

"终身成长,是我对自己的一份承诺,是为了成就更好的自己所必须付出的努力。而这份成长,并非单打独斗、只向内求就能够完成的,还要时刻放眼局外,和时代同行,在个体和环境之间,建立完美的平衡。"我非常认同作者的这些话。在不确定的时代下,新变化和新挑战层出不穷,只有持续地去真正学习并理解外部变化,才能在面对变化和挑战时获得机会和成长。

那我们怎样才能不断地自我成长?我始终认为最重要的是能够认识自己。只有真正地认识自己,才有机会找到这种成长路径。而这也正是本书的起点,作者在本书第一章第一节就告诉我们,要"自我觉知:知道自己是谁,是一切努力和选择的第一步",然后才会有"自我驱动",对成为更美好的自己有所期待。作者通过对生活、工作、管理等多方面的切身经历的总结,以及对周围人与事的所见所闻、所思所想,在自我管理、职场跃迁、组织管理、市场洞察、理解商业、看清环境六个方面,沉淀出了具体的方式、方法和案例。本书结构清晰、通俗易懂,能够帮助读者从这一段阅读的旅程中获得不同维度的启发。

比如,在职场部分,面临组织内跨部门协作的难题,作者给出了三个行动上的关键动作建议:认知协同、练就横向领导力、找到利益结合点。在时间管理上，面临"浪费时间"的陷阱，作者分享了自己已践行15年的"五项管理工作日志"的心得，以及看见时间、看见事情的两个时间管理的核心思路。又比如，在谈到管理者如何实现组织创新的部分，作者结合自己在组织内推动创新的实践及通过对优秀企业创新的观察，强调了创新管理的内涵、保持开放与透明、公司实施内部"市场化"、打造学习型组织并允许下属犯错四点建议。在对市场新趋势（新零售、流量、品牌、直播等）、商业新机会（数字化、创新、创业等）的洞察和理解上，作者更是分享了诸多自己独到的看法："无论你是在传统行业还是在新兴行业，线下和线上流量的打通是当下的重要趋势。""很多人会认为'数字化'都是针对组织、企业来讲的，但是其实'数字化'是我们每一个个体都需要具备的思维方式。""我们一定是站在用户的角度，去思考用户真正需要什么，并寻找解决方案，而不是想当然地把你想的给用户，企业和产品的价值一定是根据用户的需求而产生的，这才是创业的原动力。"同时，本书亦适配了非常多的案例和方法论，可以加强读者的理解和实操。

本书的主题是关于成长的，本书是作者自身成长的见证，我想它必然也会是一本非常好的成长参考书，帮助所有想成长的职场人，在迷茫的时候找到一种力量、一个思路、一些方法。环境是复杂的、不确定的，确定的永远是自己。期待每一位读者都能够在本书的影响下，在工作和生活中找到超越自我的力量和方法，收获成长。

陈春花

管理学者、新华都商学院理事长

2023 年 3 月 12 日

作者介绍

史伟栋

法国尼斯大学工商管理博士

师从"泰山书院"王方华教授；法国格勒诺布尔大学（2023年QS世界大学排名第317名）DBA/MBA中法项目特聘教授；牛顿商学院DBA/MBA特聘教授；全球博士联合会（GDA）常务理事。

曾任水星家纺、罗莱生活、红星美凯龙、拼多多、腾讯等公司中高层管理者；出版家居行业营销著作《"赢"销是怎样炼成的》，基于对传统行业与互联网行业多年的商业实战经验和方法论研究，致力于在不确定的时代寻找自我确定性。

序

我一直笃信,每个人"不可能出手即高手"。人的一生就是一段旅程,路上的岔口很多,每一次所做的选择都影响着最终结果的呈现。在这个充满"不确定性"的时代,每个人都身处洪流,这个时代可能不是你熟悉的时代。时代的变化,可能是缓慢的,却是无法阻挡的。不确定性之所以被称为"不确定性",就是因为它是未知的,而且常常会突然降临。那怎么办?最重要的应对策略就是"好心态,强准备"。

在人生旅途中,与其难受,不如接受。接受不确定性,接受随机性,接受意外。认清世界的真相后,不慌张,也不颓废,积极面对现在的生活。

"存心时时可死,行事步步求生",心态管理是迈向成功的第一步。当然,你还需要了解具体的方法论。我从传统行业转行进入互联网行业,经历了一段跨界转型的痛苦探索期。我和你一样，是一个普通人，我自认为自己不是人群中的天赋型高手。一路走来，羁绊坎坷没有让我退却，长期主义的坚持反而让羁绊坎坷的经历成了越过山丘的垫脚石。我从中也沉淀出了具体的方式、方法和案例。我希望你可以从我的历程中获得启发，在你感到迷茫、焦虑时能给你一个切实有效的解决方案。摸着石头过河固然可以，但若有导航指路，你就会看到不一样的风景。

城市的灯光渐渐亮起，人间烟火依然如旧。回家的路途中传来熟悉的旋律，我很喜欢的歌手伍佰用粗犷的演绎方式，唱出了钟情男儿声嘶力竭的爱之赞歌《爱你一万年》。"寒风吹起细雨迷离，风雨揭开我的记忆，我像小船寻找港湾，不能把你忘记，爱的希望，爱的回味，爱的往事难以追忆，风中花蕊深怕枯萎，我愿意为你祝福，我爱你，我心已属于你，今生今世不移，在我心中，再没有谁代替你的地位，我爱你，对你付出真意，不会漂浮不移，你要为我再想一想，我决定爱你一万年！"

我相信，一切都会平息，一切都会愈合，即使下起雨来也要勇敢前行。如果你愿意，请让我陪你，在寻找一个个具象问题的答案中，勇敢前行。在这本书里，我将跟你分享我在生活、工作、管理等各方面的亲身经历，所见所闻，以及对管理学智慧的实践和运用，帮助你在每一个具体的场景之下更好地做行动、做选择。

　　终身成长，是我对自己的一份承诺，是为了成就更好的自己所必须付出的努力。而这份成长，并非单打独斗、只向内求就能够完成的，还要时刻放眼局外，和时代同行，在个体和环境之间，建立完美的平衡。我们需要像战士一样勇敢战斗，同时也要洞察趋势找到蓝图。在时代的红尘中，可能芸芸众生都没什么大不了的。但是我们毕竟身处红尘，每一次变革都将为我们带来巨大的情感乃至命运上的波动。平凡地活着并不浪漫，有价值地活着才是最高明的艺术，无休止地朝着心中所爱前进，不断地自我革新，以求更接近自己的目标。这本身就很让人着迷。相信很多读者在这一点上和我一样，无怨无悔。你爱上一件事物，当然不是爱它的成败，你爱的就是拼命折腾的那股劲头，对不对？

　　每个人都不愿意成为被奴役的工作机器，我所要做的就是让你相信自己是有能力成为自己的主人的。不迷信任何条条框框，不看重任何成功背景。我们只相信一点：学习可以改变自己。不会就学，学了就用，错了就改，就看谁快。本书是关于成长的，它促进了我自己的成长，希望它同样能够帮助你成长。虽然每一个阶段的进步和顿悟没有行动指南，但是你可以找到参考书、案例集，当你感到迷茫的时候，你都可以在本书中找到一种指引你重新出发的方法、一个帮你脱困的思路、一种给你力量的情绪。做好准备，我们一起开启成长的"打怪升级"之路。

史伟栋

2023 年 2 月

目录

第一章　向内探求，自我管理　　1

第一节　自我觉知：知道自己是谁，是一切努力和选择的第一步　　2

第二节　自我驱动：人的所有期待，是成为更美好的自己　　11

第三节　正向暗示：别让内耗，阻碍本应该进步的自己　　17

第四节　自我提升：对世界充满探求欲，对未知拥有好奇心　　25

第五节　利他思维：用关系，影响结果　　34

第二章　职场发力，实现跃迁　　41

第一节　个人信用：建立自己的信用账户，随时取用　　42

第二节　向上管理：通过管理老板，抓住个人成长的机会　　49

第三节　内部合作：通过统一目标，找到利益结合点　　55

| 第四节 | 核心竞争：找到自己的优势和不可替代性 | 61 |
| 第五节 | 时间管理：用专注和计划，提升工作效率 | 68 |

第三章　组织管理，打造团队　　77

第一节	个人影响：打造个人影响力，造就能力杠杆	78
第二节	选人成事：人对了，事就对了	86
第三节	目标管理：用清晰的目标，同心合力拿结果	92
第四节	组织创新：用创新思维，激发组织活力，提高效率	99
第五节	点线面体：为能力和方法赋能	107

第四章　认识市场，洞察趋势　　117

第一节	认识零售：所有的生意都值得再做一遍	118
第二节	流量思维：懂流量的人才，最值钱	125
第三节	品牌思维：用品牌信任，找到自身的竞争优势	139
第四节	理解直播："人、货、场"统一，是商业效率更高的成交场合	144
第五节	看到未来：在数字化时代，更多的可能即将发生	152

第五章　理解商业，发现机会　　163

- 第一节　推动创新：机会藏在舒适区之外　　164
- 第二节　工具思维：边做边学、边干边想，用工具谋增长　　170
- 第三节　直面竞争：你需要与时俱进更新战略　　177
- 第四节　创业思维：人人都要做自己的 CEO　　184

第六章　向外探寻，越过山丘　　193

- 第一节　认清现实：挑战和变化已经成为未来常态　　194
- 第二节　抵抗脆弱：在不确定的未来，找到确定性　　201
- 第三节　拥抱未来：找到自己的路，明天会更好　　208

结语 / 后记　　217

附录 A　我的职场和我们的事业　　223

附录 B　推荐阅读书单　　255

第一章
向内探求,自我管理

通过管理好自己,进而影响他人;正人先正己,做事先做人。

第一节

自我觉知：
知道自己是谁，是一切努力和选择的第一步

大多数人把生活过成了"习惯模式"：准点到公司，打开电脑重复着一天的工作；到点去吃饭，到点要午休；面对他人的要求统统回应"是"。从周一到周日，是一个又一个的循环。这样的"习惯模式"的确平稳又省事，但是当每一件事都成为"习惯"的反应后，你会发现：

好像做了很多事，但是不知道到底忙了什么，收获了什么……

每当自己想改变现状的时候，总是苦于不知从何做起，找不到抓手……

总会有莫名的焦虑，但是不知道该怎么解决……

当我们的思考和行动都处于"习惯模式"时，麻木和无意识会占据我们的大脑，使我们忘记如何切换到"自我觉知"模式。

只有当你进入"自我觉知"模式后，你才能看到事件背后的意义和价值，你才能意识到自己的焦虑和问题所在，这是改变和进阶的第一步。所以，我把"自我觉知"放在本书的开头来跟你聊聊。

自我觉知分为以下五个阶段：**无感潇洒、焦虑挫败、平和冷静、察觉差距、重塑自我。这是每个不断成长的职场人必经的五个阶段。**

我留意观察过身边的年轻人，以刚步入职场 1～3 年的新人为例，他们大多数人的状态体现为**"无感潇洒"**，生活压力的确有，但不是太大，能承担日常开销、付得起房租。他们对工作，怀抱着实现自我价值的梦想。但最重要的一点，在他们看来生活和工作是两码事，必须分开。用一句大白话来说，那就是：开心就好。所以无论是在生活中还是在工作中，他们都表现得特别潇洒。

"有趣"的是，如果再过上三五年，"无感潇洒"的心态就会有一个大转弯，这时便进入一个比较尴尬的阶段——"**焦虑挫败**"阶段。这个时候，他们对房子、汽车、钞票有了真实的需求，想要而得不到的焦虑在心中慢慢滋长。在工作中因为年限的增加，他们不再甘心做一个小兵。工作经历越多，踩的"坑"、承受的挫败也就越多。很多人的确困在这个阶段，没有办法逃脱出来。

这个阶段，是我身边那些新晋管理者、能力很强的下属的真实写照，他们经常向我提一些很"扎心"的问题：

为什么这个阶段我很焦虑？

我应该要上一个台阶了，但是不知道到底该怎么办……

很多人在这个阶段开始盲目行动。对照外部的标准，既想"躺平"，又不甘心。

不甘心和虚荣心开始隐隐作祟，很多人的目标不是"成为更好的自己"，而是"我要证明，我比你强"。我们深想一层，不甘心也好，虚荣心也罢，这些都属于被动的努力，来得快去得也快，极容易发生变化。

而我认为更重要的，是要对自我进行主动的理解与探索，即自己想要成为什么样的人，这才是最真实的觉知。如何认识到真我、觉知到自我，成为更好的自己，这是我在本节最想跟你说的。

1. 用自我觉知，达到平和冷静的心理状态

设想一下，如果把我们每个人都比作一部手机，那么你会发现：若手机上打开的应用程序过多，它就会变得卡顿、缓慢，体现在我们的情绪上就是焦虑、急躁、内耗。我们在生活和工作中会遇到很多"程序"的冲击：一起床，手机上各种各样的信息；工作中，对话框里的万千琐事；生活里，那些看似很小却占领心智的小事……你会发现，在这样的境况之下，自己的行动力会越来越弱。

这个时候，我们要做的就是利用一个短暂的放空期来观察自己。观察自己此刻的情绪、此刻手上的工作、所做事情的意义，哪些情绪是被别人主导的？哪些情绪是自己可以控制的？哪些事情是可做可不做的？是不是可以先停下无意义的忙碌，给自己的后台"清理一下缓存"？经过适当调整，你会发现自

己变得更加平和冷静，也会有更多的能量和行动力支撑自己去前进。**冷静下来，才更容易帮助自己做出正确的决策。**

比如，以下是我常用的两种让自己平和冷静的方法。

（1）聚焦地去看一件事情，想一件事情。思想不聚焦的时候，大都是我们的时间和精力被分散了，所以我们要用一件事情去聚焦、去训练。

（2）先放下，再学习。谁都无法保证处于时刻在线的状态，与其不在线或乱抓头绪，不如少而精地通过学习别人的理论和思想，来丰富自己的内心。从跳出事情之外的视角来看待眼前事，就会感觉"一览众山小"，心境也会突然豁达。

2. 用自我觉知，破除障碍，察觉差距

笛卡有句名言"我思故我在"。这里面的两个"我"是处于不同层次上的。太多的理论和学术内容这里不再赘述，我主要想阐述一个观点：追溯到最后，会发现总有一个底层的"我"作为主体，它观察一切而本身不被观察。就像眼睛能够看到一切，唯独看不到自身，它最多只能通过镜子看到自身，但那不是真身，只是次底层的"我"。而底层的"我"无法被

观察，从而也无法被言说，只能被体会的"我"就是隐性知识的载体，也是一切反思、行为的主体和前提。相对浅层的"我"，是各种显性知识的载体。所以，隐性知识是显性知识的前提。

如果我们把这样的想法套用在自己身上，就会发现一个很有趣的现象，即真实的"我"和理想中的"我"是不一样的，或者说是存在差距的。

我了解并分析过形成"自我障碍"的三种因素，如果你被困在目前的状态很久了，那么可以试试看，对照自己有没有下面的问题，我也为你附上了我的思考。

（1）过于自我。往往是越成功的人越自我，身边的掌声和鲜花常常让他迷失自我，甚至开始迷信自我。察觉和放下这个"我"变得越来越难，不要让这个"我"成为成长的天花板，放下才是人生更精彩旅程的开始。

（2）过于相信自我的认知。认知就是人与人之间的差异，很多时候我们的经验、知识受制于我们的认知。我们必须接受一个事实，那就是信仰的真理和真理之间确实是有差距的，而这恰恰是妨碍自我认知的一个重要因素。

（3）不敢冲破自己经验的束缚。一个具有创新思维的价值输出者，一定是在做一件全新的事情，大多数时候是无规律可遵循、无经验可借鉴的。现实中充满变化，如果事物在改变，而你的经验不变，这时经验就会成为绊脚石。所以我们要时常察觉自己的惯性，勇于冲破自己经验的束缚，察觉到经验和现实的差距后，以实践作为检验真理的唯一标准。

3. 用自我觉知，摆脱旧的自我，重塑新的自我

有一本书，我经常跟朋友们说一定要读一读——《你当像鸟飞往你的山》。飞过你的山，是逃离，也是救赎，像鸟一样从更高视角来看待自我，理解和接纳原生家庭对自己的影响，摆脱旧的自我，重塑新的自我。

越长大，越能感受到原生家庭（或者过去的经历）对一个人的影响有多么大，自己也能深刻体会到，小时候的一些经历对自己的性格和价值的影响。而学习得越多，接触的东西就越多，当自己的认知升级的时候，自己想成为的那个"我"和内心的那个"我"往往会产生矛盾，甚至让自己痛苦，这大概是

很多人成长的必经阶段。当面对这个矛盾的时候，我们很想逃离内心的那个"我"，觉得父母固有的想法和执念很落伍，但又无法改变，于是与父母的关系变得紧张。

而本书告诉我们：不管原生家庭给你带来什么样的影响，你都能够彻底改变自己，塑造全新的自我。用自我觉知去观察自己，观察矛盾所在、差距所在，思考该如何解决矛盾、弥补差距，将你想成为的那个"我"和内心的那个"我"合二为一，我们每个人都可以。

如果你问一个人：你对自己的感觉好吗？70%的人对自己的评价应该都在80分以上（满分为100分）。如果你问一个人：你想不想获得更快的成长？愿不愿意付出更多，回报更多？得到的大部分答案也是肯定的。很多人之所以平庸就是因为时常放弃自己，甚至欺骗自己，无法兑现对自己的承诺。这不是因为我持有悲观态度，而是我写了15年的"五项管理工作日志"（见图1-1）（每天不间断地记录自己的心态、目标、时间、学习、行动的管理情况）总结出来的，其实难的就是每日的坚持。

图 1-1 我写了 15 年的"五项管理工作日志"

只有做能力圈以外的事情，才能获得更快的成长。但做能力圈以外的事情会让你觉得特别不舒服，而遇到不舒服，60%～70% 的人会放弃。这样一下子就推翻了前面所有的回答，反复出现这样的问题，自己就习以为常了。

我经常强调一个人最重要的是拥有自我认知的意识，这个认知来自能经常自我反省的意识。经常问自己：我的初心在哪里？我是不是该放弃？能不能再继续坚持一下？每天和自己的灵魂进行这样的对话，相信我们可以成为更好的自己。

第二节

自我驱动：
人的所有期待，是成为更美好的自己

在本章第一节，我们做到了向内探求的第一步，即自我觉知。在这一节，我们来到了另一个进阶的维度：既然我们认识了自己，那么如何让自己变得更好呢？要知道，人的所有期待，是成为更美好的自己。对于拥有不同能力和经历的人来说，到底什么才是不断驱动他们向上的引擎呢？

1. 认命，不认输

分享一件我和我儿子的趣事，某一天当我和儿子豆豆一本正经地进行沟通时，他问了我一个问题：人为什么活着？一个好有哲学高度的问题，我也尝试用我的理解去回答。我认为他是想了解人生的意义是什么。

快速搜索了我记忆中关于"人生"的知识，作家毕淑敏在某大学讲座的时候，有学生问她："人生的意义是什么？"毕淑敏的回答是：

> **人生本没有意义，每个人必须为自己的人生确定意义。**

对这句话，我的理解是：每个人降生到这个世界上，都会受到先天禀赋、可用资源和外部环境的制约，没有人可以超脱于此，也因此，人生就是背负着这些制约因素不断探索前行的一个过程。因为每个人所面对的条件、环境不同，所走的道路不同，所以能活出的意义也就不同。

要活出样来，首先得"认命"——认清自己拥有的先天禀赋，并接纳自己受制的外部环境。因为即使自己"不认命"，这些也都是客观存在的事实。"不认命"，只会让自己的前路更加曲折。

在此之上，所有的拼搏都表现出"不认输"的劲头。因为对自己能够调用的资源有充分的认知，那么只要在适合自己、同时具备光明前景的方向上积累经验和声誉，就一定能在领域内逐渐拔尖。过去所有的失败，只不过成就了自己经验的积累，付出了筛选可行方向的成本。

2. 做自己，成为真实的自己

你无法假装不做自己。如果你假装不做自己的话，后面就一直要维持某种虚假的形象，那样会特别累，特别消耗心力，把自己的能量消耗在一连串无意义的纠结和痛苦中。

人，要勇敢地做自己。这对刚刚步入社会、职场的新人来说是不容易的。来到一个新环境，他不了解大家，大家也不了解他，有人可能还有很多疑问。在这种情况下，坦坦荡荡地做自己，其实是最正确的选择。

什么样的能量才能支撑一个人走向更大的世界，哪怕要遭遇低谷和迷茫？答案是强大的内心，对自己最笃定的信心。就像一艘航行在海上的船，它只管向前航行，不会在意蔚蓝幽深的海水，也不会在意光芒四射的太阳。

3. 重视慢变量和长期主义的价值

涉及慢变量、长期主义的内容有很多，讲一个我自己的故事吧。我从 2008 年开始，坚持到现在依旧雷打不动地每天记录工作日志。15 年的工作日志，密密麻麻写完了好多个本子。当一件事你能够坚持 5 年、10 年，甚至 15 年时，它就不再是一件小事了。可以这么说，走到今天，实现了多次职场跃迁，都离不开我对每天的工作的总结。这是我自己对实践慢变量和长期主义最真实的体验。

其实，一开始我的心态特别朴素。我认为自己不是人群中的天赋型高手，有些人天生具备优势、专长，那我要怎么做才能赢？我给自己的答案是：以时间换空间。即使现在我不能赢，那就用较长的时间去找机会。日子那么长，机会总会有的。

最直接的就是职位晋升。通过 15 年的工作日志的记录、复盘，反复对齐自己的工作重点，最直接的感受是管理能力的提升。**不坚持记录的人等于将自己的经验清零，而我在积累复利。**另外，在工作日志里，我也会把每天遇到的待解决的问题记下来，再去找方法、找思路，这是促使个人成长和学习最快的方式。

当然，最重要的一点，是让我在精神层面更有力量。这么说吧，每一次当我遇到挑战的时候，都不是自己一个人在应战，而是我 15 年里积累的所有经验在身后为我保驾护航。

最后，我还有一个秘密要告诉你，据我观察，其实很多人之所以痛苦都在于：很容易开始，但是很难坚持。反过来说，只要你能坚持，仅凭这一招就可以打败 99% 的人。

有一个真相与你分享，我见过太多给自己"打鸡血"、自我驱动的朋友，他们许下承诺、列下计划的时候有多么激动，在因为坚持不了而无奈放弃的时候就有多么失落。很多人犯了一个错：给自己许下承诺时的激动，以及短期的激情，没有办法支撑自己长期的行动力。我一直在思考快与慢的关系，快变量与慢变量，究竟哪个才会对事情产生长期影响呢？

我的答案是慢变量。在当今的环境下，没有所谓的风口，需要的是足够的耐心和长期的坚持。只有认真做一件事情，夯实基础，找到自己的核心价值，才能够使业务发生持续的改变，长期的坚持才会有长久的价值。

很多人都会发生改变，特别是那个在你身边的人，他的改变，对你内心的触动往往会比较大：自己失去了某个机会，如果自己把握住这个机会，就一定会比他做得更好。其实不然，每个人某个点的成绩或成就都不是一蹴而就的，而是依赖长久的坚持。我们看到的只是那一个点的突破，千万不要把别人的点看成自己的面。每个人都应该找到自己擅长的一面，用慢变量和长期主义的坚持去塑造自己独特且唯一的价值。

"我走到今天，是因为'我要'。"

这是我经常用来概括自己一路走来的经历的话，因为"我要"就是驱动力。它不断地向我展现如何成为一个更好的自己，带我找到不断达成目标、取得阶段性成就的方法。你也可以做到，从今天读到本书开始，花一些时间，思考你想成为怎样的自己？你的优势是什么？你的环境如何？真实的你是什么样的？期待你的答案。

第三节

正向暗示：
别让内耗，阻碍本应该进步的自己

　　心理学中有个很有意思的概念，叫作"自证预言"。如果你相信人生是积极的、可以成功的，那你会在生活中处处遇到奇迹，反之则会跌入脆弱、压力的谷底。你的态度其实不经意间决定了你的未来。通过自我的正向暗示，对未来的正向想象，你会努力实现对自己的期望，就真的可以变得更好。

　　如何让正向暗示发挥积极作用？就是要破除那些负面的暗示，让阻力成为动力。

　　我收集了一些身边常见的负面暗示：

　　这件事太难了，我做不到……

我的工作很普通，跟别人比起来，没成就也不赚钱……

好害怕，这件事我做不好，怎么办？会被批评……

怎么改变？我觉得有以下几种好用的方法。

1. "难"其实不是绝境，而是机会

越难的时候，越要静下心来看看自己到底会什么。"难"就是机会，如果放在同一个行业里，既然你觉得难，那么应该大多数人都会觉得难。是否可以通过逆向思维重新寻找机会？哪些是你会的而别人不会的？如果没有，那就尽快放弃，重新寻找机会；如果的确有，那就应该把自己会的部分做到极致，把"难"变成机会。

大多数时候"难"的是心态，而不是业务本身。大多数人是因为看到才相信，少数人是因为相信才看到。乐观地讲，不管在什么样的情况下都要继续走下去，既然如此，那为什么不让自己保持一个良好的心态呢？

如果能够说服自己，我们就能够积极地去寻找突破的机会。聚精会神地做一件事情，很有可能会得到想要的结果，只要你保持良好的心态往前走，就会比那些一直在原地徘徊的

人走得更远。任何时候都存在机会和难点，就看我们如何选择了。聚精会神地做一件事情，至少不会辜负自己和跟你一起奋斗的人，大多数人都在犹豫不决中失去了机会。

2. 专注于价值创造而不是财富创造

上述理念，可能还有很多人会质疑，认为是"鸡汤"，而我个人认为：能在年轻的时候做成一件事情，相比赚钱更重要。

先给大家讲一个我自己的真实故事，在我的职业生涯中，曾经在三家公司分别入职两次以上。很多人认为，这样的职业路径是"鲁莽"的、"不正确"的，对公司的忠诚度是不高的，其实他们都想错了。

在同一家公司二次入职甚至三次入职，代表我一次又一次地获得了这家公司对我的认可。反过来想，如果不是真的认可我，那么这家公司是不会再让我入职的，一定是我能为这家公司带来新的价值，所以才可以再次获得青睐。

为什么选择这么做？在职业初期，因为对自身定位不清晰，我通过不断的跳槽，一次又一次的尝试，认知自我，找到自身优势所在，确定适合自己的职业成长通道，最终完成职场跃迁。

后来，我认识到公司不是家，公司更像一支球队。在相应的岗位，发挥个人才能，实现自己的价值，每一次的切换都是重新塑造自己价值的机会，这才是职业化背后的意义。我想用自己获得的能力，去真正地做一件事情。我觉得这是一辈子的追求，是我对人生的总结："只要没做到，吾将上下而求索。"

另外，人这一辈子会遇到很多不确定因素，唯一可以确定的就是你想过什么样的生活。是平平淡淡的，还是精彩万分的？只有保持好奇心，我们才会有梦想和目标。而在这条路上能够赚多少钱，是不是有房、有车、有存款，这都是水到渠成的事情，千万不要本末倒置。想想如果为了在一线城市付首付买一套房子而拼命求索，做自己不愿意做的事情，那么这辈子你过得可能不会特别开心。

最后，请在犹豫不决的时候，给自己反复正向暗示：**专注于价值创造而不是财富创造**。这二者有本质的区别。如果你专注于价值创造，财富就会顺道而来；如果你专注于财富创造，开一个小店或做一个赚钱的生意，那么也许你一直在演绎别人的人生。

3. 不着急、不害怕、不要脸

在给自己正向暗示时，我有一个"三不口诀"。如果你能做到，那么可以减少自己 80% 的内耗。

"不着急"，说的是对时间的态度。一个人在竭尽全力之后，心里要放下，手里要放下，要做的就是等待。有耐心，有定力，给自己足够的时间，给周围人足够的时间，给事物的发生和发展足够的时间。我的博士后导师王方华教授经常对我讲："有时关切是问，有时关切是不问。"有时候不做比做什么都强，这就是不着急，是对时间的态度，要遵从万事万物的发展规律。

"不害怕"，说的是对结果的态度。自己努力了，有足够的耐心之后，结果往往是好的。在好消息来临之前，担心结果一定是在做无用功。尽人事，知天命，我的经验是只要我们尽了力，幸运之神通常就会眷顾我们，实际情况也往往如此。我总结得出：只要不害怕，鼓足勇气，能再来一次，就不是真正的失败。

"不要脸",说的是对别人评论的态度。诸事无常,无常是常。一个结果可能由太多的因素决定,有些因素是你不知道的,更是你控制不了的。"花开满树红,花落万枝空",别人说什么那是别人的事情,你不要把它当成自己的事情。古话说:是非审之于己,毁誉听之于人,得失安之于数。

据我观察,给自己正向暗示的人,更容易成功。成功的人主动去做事情,真的去做,直到完成;平庸的人却常常被动去做事情,如果不借助外力推动,甚至想不到要做的事情,每天得过且过,找借口拖延,直到最后证明这件事情"不应该做"为止。路径的选择已经很清晰了,你要怎么选?告诉自己内心的答案。

4. 持续地获得能量

本节最后一个话题,我想再跟你聊聊"能量"。不知从何时开始,"我好累""我好丧"成了很多人的口头禅。如果用这种态度去生活,会越来越疲惫,陷入新一轮的恶性循环,这个时候你需要一次能量提升。如果你可以每天能量满满地出发,那么一定会事半功倍。

在这里,向你分享一些我日常生活中持续获得能量的方法:

（1）建立自己的反馈机制。回想一下，那些让人上瘾的东西，比如游戏，每一次你完成一个招式、通过一个关卡，反馈立马呈现在面前，积分、金币或全屏的胜利标识。这种及时反馈的机制，会让人感觉舒服、上瘾。知道了这背后的逻辑，不妨也给自己建立这样的反馈机制，从反馈里获得能量。拿我自己来说，休息日整理房间，多行动一下，家里就会更加整洁一分，这就是反馈。又或者是完成既定的目标后给自己一个小奖励、一次大餐、一次出游机会等，这些都是反馈。

（2）结交性格外向的朋友。中国有句古语："近朱者赤，近墨者黑。"如果你总是接触沉闷忧郁的人，久而久之你就会变得很压抑、沉闷；如果你总是结交活泼、性格外向的朋友，你就会在不知不觉中渐渐地变成一个快乐而活力四射的人。性格外向的朋友把快乐的情绪带给你，在面对压力的时候，你就不会感到压抑、沉闷了。

（3）亲近大自然。看上去很简单的一种方法，其实很多人都做不到。人类本来就是和自然共生共存的。当你感到压力太大时，不妨暂时放下手头的工作，利用闲暇时光散散步、打打球，短程的旅游对于缓解压力更不失为一个"磨刀不误砍柴工"的有效方法。在绿树青山之间，在江河大海边，让一切压力都随风而去。如果实在抽不开身，那么在办公室里也可以"忙里偷闲"地让心灵回归自然。如工作三个小时后，放下工作，向窗外眺望三五分钟，视野尽量向开阔的远处延伸，在缓解视觉疲劳的同时，压力也会得到释放。

（4）来一点儿情趣。给自己一个空间，给自己一点儿时间，做一个"有情趣"的人，用其他的活动或爱好（如读书、听音乐、烹饪、唱歌等）来调动内心轻松、快乐的情绪，让正面情绪和负面情绪相互抵消，能够有效地减轻心理压力。

通过提高自己的动手能力，在彻底放松与高度专注之间找到适合自己的位置，同时找到适合自己的放松方式。从压抑、沉闷的情绪中走出来，获得内心的平静及美好的体验，感知生活的美好，让我们一起再出发。

第四节

自我提升：
对世界充满探求欲，对未知拥有好奇心

"自我提升"是我们值得用一生去实践的能力。如果在本章第二节我们聊到的"自我驱动"是埋下的一个心锚，那在本节，我们来聊一聊那些具体的、可以拿来就用的方法，让明天的自己比今天的自己更优秀一些。如果我问你"要怎么成为更好的自己"，相信有很多关键词会"蹦"出来，而我今天更想跟你聊的，是我认为的最重要的三件事：学习力、自律、勇气。这背后解决了三个问题：学什么？怎么学？如何高效地学习？我们一个一个来看。

1. 成年人的学习是什么样的

首先是"学什么",我相信每个人脑海里都会有一个念头:我要保持学习。但是每每开始行动,当眼前有那么多书、那么多课程的时候,总会觉得无从下手:我到底要学点儿什么?

我们可以从以下三个方向去学。

第一,学有所用。学与自己工作有关的知识。你正在做什么工作、从事什么领域的研究,就是最值得现在的你去聚焦下功夫的地方。而且通过学习,个人能力是能够迅速提升并且可以及时得到反馈的。无论是推进项目,还是升职加薪,都可以让你更有成就感地迈出下一步。

第二,向高手学。当你的工作岗位处于基层,或者你在公司里扮演螺丝钉的角色,迷茫不知道学什么的时候,你可以锁定一个目标。这个人可以是你的部门负责人、你的直接领导、让你佩服的人或是你特别想成为的那个人。你可以模仿他的动作、读他在看的书、学习他掌握的知识和技能等,从而让你离目标和优秀的人越来越近。

第三,向兴趣学。有些人可能会觉得,这个方向会不会跟自己的事业和职业相差太远了？到底有没有实质性的作用和回馈？其实在我看来，在职业生涯的早期，相比一下子找到自己能奋斗终身的事业，我更希望每个人能够拥有更多的选择。

职业生涯中，第一个阶段是学有所用；第二个阶段是向高手学，让你的行动事半功倍；第三阶段是向兴趣学，你可以更加快速地打开自己的眼界，发现自己的优势和天赋。我们看到有些人困于基层岗位，陷入痛苦和平庸，就是因为没有重视兴趣学习的力量，自己放弃了选择的权利。

其次，说完了学什么，我们来看看怎么学。

第一，不要指望有专门的老师来教你。终身教育必须以自我为动力，围绕学习的目标而进行。我们必须自我驱动，自己设定学习的内容，找到评估学习结果的方法。我们应该优先学习拿来就能用的内容，不断在实践中验证自己的学习效果，这样的学习才不会只是一纸空谈。

第二，要善于利用小组学习的机会。有些人能够自己一个人长期学习，而且效果很好，但大部分人都是做不到的。更好的做法是，通过各种途径找到一同学习的伙伴，这样不仅可以相互鼓励，而且可以相互交流解惑。例如，在公司与同事共同解决业务问题时，本身也是一种小组学习的形式，要充分把握这类机会。

第三，推荐大家用"边做边学"的方式学习，这和在学校里都学会了再去做是不同的。在实践的过程中，遇到问题，通过学习和研究来解决问题，并掌握知识，我认为这是比学校里的学习更有效率的提升方式。

第四，在学习时要兼顾广度和深度。在学校教育中，年级越高，学习的深度越深，但广度不断收窄，这就造成很多人知识结构的不平衡。而终身教育侧重弥补这一点，扩展学习的广度，维持一个人知识结构的平衡，这才是理想的成年人的学习方式。

再次，如果前两步你做得很好，我们可以再进阶一层——高效地学习。

高效地学习，很多人描述其为沉浸式学习。如果使其更具复制性和形成方法论，那么就是结构性的张力和系统性的方法，下面我们进一步展开讨论。

结构性的张力，是我们对学习本源的认知。学习除了获得自我认知，也是为了能够进行输出和表现，从而使每个人以最佳状态持续输出，让其处于张弛有度的巅峰状态。这就是对学习本源的认知，使我们能够将状态调整到位，这是学习的效率基础。

系统性的方法，是指有方法论进行指导。不是被动地接受灌输，而是主动地获取和搜索，进一步落地实践，获取的知识在自我的领域被验证成功，就说明获得了学习的效果。

高效地学习既指效率的提升，又指获得应有的自我验证效果，让每一个个体能够持续处于"心流"状态。

2. 自律是永恒的话题

成年人的世界不应该靠别人的提醒与安排，而应该靠自律与自省。成年人应该始终追求如何自我完善与实现自我成长，要具备解决问题的能力。

现代社会，人总会有一种困惑：要如何在复杂的环境中生存？当人遭遇太多逆境的时候，特别容易消沉放弃，出现懒惰、拖延、暴饮暴食等问题。有人会说这是因为不自律，但这只是表面现象，深层问题在于，人在一个复杂环境中不断遭遇挫折，很容易找不到自己的价值，甚至否定自己的价值，所以才会自暴自弃。

很多次谈到主动性，但我们很难让自己去获得主动性。我们换一个角度，不是否定自己，而是承认自己是有价值的，自己能够做出有价值的事情，自然而然地去做一些事，这可能更容易实现"主动性"。

首先，自律的本质是对自我价值的认可，只有对自我价值进行认可后，我们才会珍惜自己的时间，努力履行自己的责任，实现自身价值。

然后，自律的另一面是勇于承担责任。自己的价值如何体现？自己的价值是在一次次具体的事情中体现出来的，而做事情往往需要有人承担责任，自律的人善于开始，也勇于承担责任。

接下来，我通过自己的经历跟你聊一聊居家办公的方式和一些工作经验，希望可以帮助你提高工作效率，它们都是一些可以直接使用的方法。

（1）严格的时间管理。因为居家办公，个人的时间就会显得很富裕，所以这时候就需要严格要求自己，最好是能够按照原来上班的节奏起居，可以用多出来的时间做自己喜欢的事情。比如，原来你坐地铁和公交去上班时会听听音乐，那么你仍然可以在正式工作之前做这些事情。千万不要因为有富裕的时间了就赖在床上，这样会使你的节奏混乱。

（2）工作需要有仪式感。工作和生活是必须分开的，哪怕是酒店里的单人间，也要给办公区和休息区划分一个明确的界线。坐在办公区的时候，要非常认真地告诉自己开始工作了，保持在公司工作的节奏。

（3）调整好自己的状态。在家待的时间长了难免有一些消极的情绪，所以每天要给自己留出运动的时间，1~2小时为佳。管理好自己的身材，可以让自己的身心都很愉悦。必要的社交也是要保持的，问候父母和好友都能使你跟他们保持亲密的关系。

别人乱，自己临危不乱；外面乱，自己气定神闲。在不确定性中寻找确定性，让一切都在自己的掌控中，自然会保持好的状态，也往往会得到好的结果。

3. 接受失败的勇气

我特别能理解陷于失败中无法走出来的朋友。我身边有很多伙伴在做新项目，我发现，那些越用心越专注的人，往往到项目被迫终止或以失败收场的时候就越"走不出来"。说一句扎心的话：之所以会这么放不下，就是因为你经历的人和事还不够多。到后来，你会发现过去的终将过去，一切云淡风轻。

失败和苦难是常事，顺利和成功才是惊喜。每一次走出失败、脱离苦难，对自己而言一定是克服了什么，这从另一个角度来说也是我们在每一个人生节点上的成长和转变。回想一下，现在的自己就是被过去的一些挫折塑造的。可能因为过去的你遭遇过委屈，所以现在的你目标感很强，又有极强的韧性；可能过去的你经历过一些低谷，所以现在的你才有更大的野心。

失败和苦难，并不是特别的、过不去的坎，它们只是一段过去的经历。过去的那一段至暗时刻，也为你积累了更多解决问题的方案，没有一段经历会毫无用处，所有的经历都是财富，让我们厚积薄发、静等花开吧。当拥有了"接受失败"的勇气后，我们来看看具体有哪些方法，可以帮助我们"接受失败"。

（1）为自己设定完成任务的时间。凡事为自己设定一个明确的完成时间，可以让自己不在细节上浪费太多时间。

（2）学会分清事情的轻重缓急。不仅是工作，还有学习及其他事务，都要区分轻重缓急。紧急而重要的事可以做到优秀；不重要的事可以选择不做或做到"及格线"就好，别人不会指责你不负责，反而会欣赏你有大局观。

（3）降低期望值。试着将期望值降低一些，允许自己有几次未能按照既定计划完成任务的情况。你一定会惊讶地发现，一切照常运转，结局并不像你想象的那么糟糕。

（4）接纳自己的不完美。在这个基础上，逐渐地改善、提高。用吃一顿美餐、睡一个懒觉、买一件新衣服来奖励自己的小进步，可以逐渐摆脱不完美给自己带来的无力感。

我把有关自我提升的最需要解决也最难解决的三个问题的解决方案提供给你了。从现在开始，用自我驱动力给自己一个预期，用自我提升的方法开始实践，期待更好的我们在顶峰相见。

第五节

利他思维：
用关系，影响结果

伴随着自己的成长，你会发现，很多事情不再是一个人可以完成的，需要与他人沟通、协作、共赢。进入这一阶段，有很多需要琢磨的话题，比如沟通、管理、谈判、合作……在这一节，我想跟你聊的，是所有动作背后那个最重要的底层思维——利他思维。只要你在跟人打交道的过程中坚持运用这个思维，就一定可以得到你想要的结果。

我认为利他思维包含两层含义。**第一层的利他是以退为进，利他即利己。**在我们谈及个人的时候一般人会将目光放在自己身上，其实更应该把目光放在他人身上，从他人的身上看到自己的影子。比如，我们在处理邻里关系、同事关系时，不妨在某些时刻退一步，多为别人考虑。看似是"退"，其实你是在赢得对方的好感、支持，甚至是在赢得朋友、赢得项目上向前推进了一步，这就是利他思维的重要体现。

第二层的利他是无私，其实无私是最大的"自私"。如果你能够成为管理者，你就会发现，除自己的能力之外，管理者的成就都是由下属来实现的。我们常说，你能成功是因为有人希望你成功。运用利他思维，你关照更多的人就会提升自己的影响力，也达成了"自私"的目的。

利他思维是与别人相处、与世界相处的起点，从起点出发，可以看看我们能够做些什么。

1. 每个人的成长其实都和别人有关

每个人都会特别在乎自己的成长，但大多数人没思考清楚成长的目标是什么，实现的路径在哪里。在这个阶段，你一定也期待遇到一个好的管理者，能够帮助你规划和厘清思路；运气好的话，会有贵人直接帮助你搭建成长的阶梯。让我们来看看怎么用利他思维来吸引贵人。

做好本分的事情。本分的事情也是最基础的事情，要理解你的岗位的基本职责，能做好自己分内的事情，帮你的领导降低能耗，这就是在利他。

做好关联的事情。每个人都不是一个独立的个体，一定是跟其他的组织或个人在相互协同中共生和成长的。这时候就有了难度，你需要去协同别人，还需要做除分内以外的事情。在整个过程中，你用自己的工作能力去获得别人的认同，帮助别人成事，取得岗位职责以外的绩效。长此以往，你也一定会受到领导的重视。

能让大家一起做好事情。这就是成长的高级阶段，说明你晋升的时候到了。因为你除了自己可以做好事情，还能和别人协商事情。更重要的是，你能够潜移默化地影响别人，拥有利他思维，能让大家协同，一起做好事情。这时候你已经具备了管理者的基本素质，毫不夸张地说，你不想强大都不行。因为对于很多公司来说，最缺的人才就是这样"能让大家一起做好事情"的人才。

每个人每天都在做很多事情，这些事与自己的成长和别人的成长有多少关系？你想走向哪里？这是每个人需要静下心去思考的，或者说需要跟自己的领导、伙伴不断对齐的。我们每个人的成长其实都和别人有关，成长就是因为你影响了别人。

2. 管理者的利他思维

跨过了第一个阶段——用利他思维一起做好事情之后，很多人会成为管理者。到了这个阶段，利他思维依旧是我们的底牌。

有一次，我跟导师（王方华教授）沟通，导师教导我从西方科学管理论来总结管理的本质，即分工、协作、效率。这背后，也是一套利他思维。

分工是"用好人"。每个人都需要知道自己擅长做什么，管理者最基本的管理职能就是让每个人做好自己擅长的事情，这就是在利他。能够把团队中每个人的职责和工作主次分清楚，是做管理者首先要发挥的管理能力。

协作是"帮助人"。管理中最重要的一个行为动作就是帮助别人，领导帮助下属，同事之间互相帮助。我们常说帮助别人就是帮助自己，这是管理优势的延伸——在优先做好自己擅长的岗位工作以外，尽力去帮助别人，使得团队具备协作能力，共筑互帮互助的团队。

效率是"成就人"。管理的最终表现就是使得个人和团队的工作效率得到明显的提升，这也是管理所要的绩效。效率使工作的质量不断得到提升，让管理的科学方法论得到印证和延续。

可以这么说，成年人的世界，没有那么多是非对错，只有利益和共识，这是一种更理性、更成熟的认知。很多人的倔强就是一定要分出是非对错，我曾经也是。追求所谓的是非对错，只是在不同的场合中寻找相对更优的解决方案，换个场合可能就会完全不同，如果没有理解这个本质，就会让自己常常陷入迷茫。所以，最优先的管理就是对自我的管理、对人性的管理，这也是我在本章跟你探讨的重要话题。

不要去挑战人性，更不要去预设答案。顺应人性去做事情，不好的解也可能成为最优解，相反则不一定，这也是我们一直在讨论的利他思维。西方管理学大师彼得·德鲁克曾经说过："管理的本质就是最大限度地激发和释放他人的善意。只有让每个人都想去成为更好的自己，在完成个人目标的同时才会完成组织目标。我们在推进工作、确定人选的时候，就要把个人目标和组织目标尽可能提前匹配，运用利他思维去完成更大的目标。"

第二章
职场发力,实现跃迁

借助趋势,借助平台,设计个人能力的杠杆。

第一节

个人信用：
建立自己的信用账户，随时取用

商业咨询师刘润曾在《底层逻辑》这本书里表达过这样的观点：

信任，是一种能力；被信任，是一种更重要的能力。

越是被信任的人，促成合作的交易成本越低，在商业世界里，越有成功的可能性。

我们可以总结为一句话，"被信任可以降低合作的交易成本"。换句话说，"信任是一种效率"。进入第二章，我们从"与自己相处"切入"与他人相处"的阶段。而在我们的日常生活中，与他人相处，最常见的场景其中就包括职场。在职场的合作与社交过程中，信任是一切效率的基础。

依我看，在每位朋友、同事那里，你我都有一个"信用账户"，这其实就是你过往的人品和信任在他们那里的"额度"，它体现着你的行事方式、工作态度、价值观，还有你的工作和成绩是否证明了你的能力等。有的时候当某个人不确定要不要跟你合作、与你共事时，如果他在短时间内没有办法做出比较和判断，他就会更倾向于查看你的"信用账户"。

1. 信用是一种特殊的资产

信用的确是保值的，就像个人的"品牌"，是一种特殊的资产。我们需要像鸟儿爱惜它的羽毛一样去爱惜自己的信用，很多人认为信用仅仅适用于和陌生人的相处，而我有不同的观点。我认为信用更是熟人之间的强连接关系，是指在谈到你这个人及你做的事之后，都有一个确定性的回复和着落。你的信用相当于一张你行走在世，被人认可、被人接纳的"通行证"。

当然，信用是可以增值的，因为它是一种特殊的资产，是别人对你的认知。正是因为这种确定性的存在，当别人与你的合作需要被评估时，你自然就有了加分项。就像与你合作了很多次的老朋友，他不需要对你做前期的调研和了解，你的"信用账户"可以提高合作的效率，这就是一种"背书"。

曾经听得到 App 的创始人罗振宇老师分享过一个观点：

信用可以加杠杆。

说实话这一点我刚开始没听明白，后来反复进行思考，以及对照我的人生履历，才想明白了这一点。因为基于对信用的呵护和对信用的履约，往往你获得的机会都是因为加杠杆而来的。有一句话说得好，"千里马常有，而伯乐不常有"，就是因为信用的存在才使你有了加杠杆的能力。

2. 做个靠谱的人

在职场里，如果谈"信任"或"信用"，说某个人很可信，最直接的评价就是："这个人真靠谱！"说实话，所有人都愿意跟靠谱的人共事、合作。那怎样才能做一个靠谱的人，获得他人的认可并吸引他人与自己合作呢？

有一句话总结得特别好：凡事有交代，件件有着落，事事有回应。我从自身的视角和个人的职业经历出发，再来把"靠谱"这两个字拆分得更细一些。

在我看来，靠谱就是"情绪的稳定性和技能的确定性"。其实在职场中，伙伴们不敢接近的不是能力弱的员工，而是那些捉摸不透、阴晴不定的人，因为这种"不稳定性"，大家不知道他什么时候就会爆发。这样的人所表现出来的就是容易急躁、情绪上头。一个无法控制自身情绪、时而暴躁的人是没办法成为靠谱的伙伴的。所以，我常常建议有"不稳定性"特点的朋友，要在内心刻意地让自己慢下来，这样才能得到别人的信任。

一个人"技能的确定性"，指的是工作交给他之后，是一定有反馈的。以前，我在罗莱家纺工作时有一位很喜欢的员工，不论我交给他什么任务，他一定会当天反馈，跟我说一说任务的进度、需要的支持。即便当天无法完成，他依旧会说说第二天或下一步的计划是怎样的，一切都尽在我的掌握之中。事实证明，这样靠谱的员工，更容易获得好的发展机会。这位员工在我的团队里被我重用，而且我发现不论是我、其他的管理人员，还是他身边的伙伴都非常喜欢他、支持他。后来他在职场上发展得特别顺利。

最后我想多说一句，"靠谱"是对一个人的综合能力的评价，所有刻意练习"靠谱"的方法和行为，或者学习的各种类型的课程，都不仅仅是让人在工作中"扮演"一个"靠谱的人"，而是不管在生活中还是在工作中，或是在面对家人、朋友、同事时，都保持一致性的靠谱，让靠谱成为一个人的品格，这才是我想要传达给大家的。

说了这么多关于靠谱的内涵，我们可以试着去拿"靠谱"的标准来对比自己，最后可能会发现想要做到靠谱很不容易，身边比较靠谱的人可能还真没有几个，他们非常难能可贵。我甚至认为靠谱是比聪明更重要的品质，也是一个人最大的无形资产。在我心中，对一个人最高的评价就是"靠谱"。

把信用、靠谱做好，做到极致，这就是很多人追求的"职业化"转变，这也是职场中的教养。职场中，在你与同事、客户打交道的过程中，有许多小的细节，这些细节都透露着一个人职业化的程度。这些细节还决定了客户、同事、领导对你的评价，如果既靠谱又能让他人舒服，还能高效地合作配合，那么任何人都是非常愿意和你相处的,你也可以获得更多的发展机会。

如果意识到这一点,那么关于信任、靠谱和职业化的课程,或许应该比职场技能和公司规章更应该成为给职场上的新人上的第一节"课"。

本节最后,关于如何做一个"靠谱"的职场人,我列出了一份行动清单,供你参考。

(1)坚持到底:任何工作和事情不是做了马上就能够见到效果的,只要我们有足够的耐心和毅力去做一件事情,就一定会看到成绩和效果,这甚至是一种打败竞争对手的关键能力。

(2)主动反馈:成为一个靠谱的人,需要主动与身边的人进行沟通,能够使自己的思想得到有效的表达,从而达到预期的目的。

(3)允许犯错:无须奢望能够把任何事情都想得非常明白,大部分人的成长都伴随着犯错与改错。多做就有可能会多出错,有了这个意识,那就不用害怕犯错了,要在错误中积累经验,促成进步。

（4）先有后优：这是一种迭代精神，先让一个具体事物存在，才能让它精进。千万不要去做"语言上的巨人，行动上的矮子"。

（5）自己做主：这是一种担当和责任，在每个人的职责范围内，敢于说出自己的建议和意见，敢于说服身边的人，推动落实。

（6）做个好人：对标一个优秀的人，简单相信且照做，有自己的原则和底线，并以此作为自己做人做事的原则和方针。

（7）PDCA 循环：这是一种管理方法，利用计划（Plan）、实施（Do）、检查（Check）、处理（Act），对计划进行调整并不断改善。

可能有很多人告诉过你信用和靠谱的重要性，这一层重要性的背后有更大的意义：高效地做事、成事。如果你在职业环境中期待更多的成长，那么从今天开始可以试着更加努力地从每一个细节做起，让自己成为一个值得信任的、靠谱的人，机会就在身边。

第二节

向上管理：
通过管理老板，抓住个人成长的机会

如果知识积累和业务能力是职场中的硬技能，那么向上管理和职场沟通就是我认为的职场中的软技能。很多我的下属、同事，甚至是前下属、前同事都很信任我，愿意跟我聊聊心里话。比如经常有人会跟我吐槽：老板总是认为他闲着没事，不停地布置工作，经常既要……还要……且要……，造成他不能做好交付。更严重的是，有的人会跟我一直抱怨：心里很烦，甚至想离职一走了之。

我相信这样的场景每个职场人多多少少都会看到或亲身经历过，这其实就是在向上沟通、向上管理中出了问题。在职场中的成长,是需要获得支持和资源的,如何用向上的影响力,让自己更快成长、达成目标,是每一个职场人都必须学会的。

面对上面的情况,一般需要怎么来处理呢?先给你分享几个小妙招。

(1)**主动出击,多做反馈。**不要等老板来向你询问事情的进展,而是自己能够及时地跟老板汇报进度。并不是说大大小小、细枝末节的事情都要做汇报,而是你认为重要的事情,比如重要的项目节点、疑难杂症问题……我相信你的老板一定也会认为很重要。如果你在工作中遇到了一些困难和卡点,那么也可以及时求助。比如你可以说:

"老板,上周说的那个计划书,我已经完成90%了,现在对一些细节正做进一步确认,我会在周四下班前发到您的邮箱。"

你反馈得越多,老板对你越有"掌控感",信任也就此建立了。

(2)**信息可视化,展示任务进度。**作为一个职业化的员工,需要对自己的工作分清主次,并且做好时间管理。最关键的,是能够把这些展示给老板和相关的同事,这样老板不用主动询问,也能看清楚进度。因为你的职业化,提高了工作效率,降低了沟通成本。现在很多在线办公软件都可以帮助你做这件事。除此之外,定期写自己的工作日报、周报也可以发挥同样的作用。

(3)不光会做,还要能说。利用好晨会、周会、月会,主动地表达你所取得的成绩和项目的进度,也可以说说项目的难点。把成绩拿给老板看,这不是投机取巧,而是让人加深印象,建立信任感。

埋头苦干的精神虽好,但是也要抬头看天,适当地展示一下自己,不要默默无闻地做事,把然后指望别人看见你所做的辛苦,来主动认可你。

以上是向上管理的第一步,用沟通消除信息差,让领导对你建立信任和掌控感。做好第一步,基本上你就是一位合格的职场人了。如果你想做得更好,那在向上管理和沟通中,还有最重要的一点:帮你的领导节省精力,让他在繁忙的工作中,可以在你这里进入轻松模式。想要做到这一点,你可以在每一次与领导沟通的时候,带上你的**解决方案和选择项**。

在发现问题的同时，要给出建议或解决方案。你发现了工作中存在的问题是难能可贵的，但真诚地想要改变现状，就要给出建议或解决方案。在你进行向上沟通的时候，要不断地提醒自己关注这一点，这是一个彰显个人能力的机会。

如果给出建议或解决方案，那么至少给出两个，让领导有选择、决策的空间，同时也展现了你的思考。

关于向上管理这个话题，我分享一个我和助理的故事。在我们共事时，我看到了她的转变和成长。曾经的她，是需要我去推进工作、询问进度的，虽然不是工作能力的硬伤，但是我们彼此都知道这样的状态显然不是最好的。在一次战略会议之后，她发现了自己的差距和问题所在，对工作的认知打开了一片新天地，开始施行她的"向上管理"之法，希望通过我和她的工作交流，可以给你一些更加具体的启发。

（1）给自己建立最小工作单元。 现在她会把自己每天的固定工作列出来，具体哪一段时间落实在什么工作上，并且主动同步给我，让我知道她每天的工作内容和工作时间，还请我帮她过目一下最近的工作安排是不是合适、有没有什么可以做得更好的地方，让我给她一些建议。这样建立好最小工作单元之后，一方面方便她自己对照、迭代；另一方面也方便我去掌握一些项目的进度，并且找到合适的时间去跟她沟通、交流，给了我掌控感和确定性。

（2）做减法。看过了她的工作安排后，也给出了我的建议。希望她能减少部分工作安排，她每天的工作排得太紧凑了，需要做的、想做的事非常多。我会建议在条件允许的情况下，减少一些工作安排。人在工作中要给自己留白，因为留白，你才会去创新，去沉浸在自己的心流里。这样让自己在一种轻松可控的环境下工作，去做主动的管理，去跟你的领导沟通，会更轻松，也可以消除过往的压迫感。

（3）尽量在你的工作里加入变量。什么叫变量？我举个例子。比如，我的助理的工作单元里有一些事务性的执行工作：跟进合同、整理报销材料和会议记录，这些算是固定量的工作，做事务性的工作产生的价值也是固定的；那一些有杠杆、有创造性的工作：推动组织效能提升、新渠道的开拓……这类不确定性的、可以成倍创造价值的工作就是变量。

一定要找到变量，变量是可以帮助我们实现指数级增长的。通过变量，我们可以让具体的工作公式化。举个例子：销

售收入 = 意向用户数 × 销售转化率 × 销售单价。这个公式可能大家都知道，那意向用户数受什么影响呢？转化率是怎么来的呢？这就是我们可以努力增加的变量。我们要不断地去提问和洞察。所谓洞察，其实就是沿着因果关系的路径，一步一步向前，去层层探究之所以产生"结果"的那个正确的"原因"，找到了正确的原因，也就完成了洞察。

如果你可以将工作单元里的固定量减少，变量增加，一来你为你的领导解决的问题会更多，帮他节省的精力会更多，帮他创造的价值同样也会更多；二来，在处理变量型工作的过程中，你的能力也随之提升了，这一定是一个正向循环的过程。

这就是我和助理的故事。她一开始也并不是一个"向上管理"的高手，甚至没有这个概念。一旦自己有意识开始改变，就会获得结果。这告诉我们，向上管理的能力是有迹可循的，对于普通人来说也是可以快速习得的。当向上管理建立、信任度加强时，合作会变得更加顺畅，自己的工作也会做得更加轻松。期待你也可以做好向上管理，为自己争取成长的机会。

第三节

内部合作：
通过统一目标，找到利益结合点

随着分工的细化、组织的扩大，很多公司里的部门和组织分得很细。有时一个项目的落地少则需要几个部门，多则需要几十个部门共同协作，人多事杂，难免会出现意见不合、效率低下的情况。每个人的决策和行动在很大程度上依赖于他所处的位置和角色，这就造成了目标和决策的不一致。我举个例子，技术部门的目标是精进技术、打磨产品；而营销部门的目标是追求营业收入，在更短的时间以更快的节奏，将产品推向市场。这个时候不可避免地会产生分歧，如果你想推动更大的项目、获得更大的成就，那么这是你无法避开的难题。

而且在这样的跨部门协作中，一般我们自己的角色不是项目负责人或领导，要怎么和他人合作并推动项目顺利进行呢？这是跨部门协作会遇到的困境。

所以，我身边的很多朋友，也会有这样的烦恼：

某某部门在这件事上，很不主动啊，进度都卡在他们那里了……

这个项目特别需要内容中心的支持，但是最近他们的工作计划都排满了，很少能有资源和精力投入我们手头的项目上……

想要解决这些烦恼的核心，就要练就"跨部门协作"的能力。在这件事上，我认为有几个重点。

1. 认知协同

曾经有一位老板朋友跟我分享，一个管理者如果是靠信息差来进行管理的，那么他是最被"看不起"的管理者。一个优秀的团队能够快速达成高效合作，一定是要实现"认知协同"的。其实不仅是管理者推动工作的需要，而且对跨部门的协作和沟通来说，信息共享、认知协同也是协作的基础。从我个人的经历和工作习惯来看，我甚至认为信息可以冗余一些。其实多方意见的不统一、决策存在分歧，在很大程度上就是信息的不同步，不清楚项目本身需要的资源和项目的目标，支持与协作就更无从谈起。

一个优秀的团队肯定是通过筛选实现了人才的高密度，这也是进行高效协作的大前提。发挥每个人的创意和主观能动性，围绕着一个总目标去协作，每个人获得的信息越完整，越没有信息壁垒，效果就越佳。

2. 横向领导力

横向领导力与头衔、职称无关，谁能通过自己的影响力，使更多的同事、部门、资源参与协作，谁就是这个团队事实上的领导者。如果一般意义上的领导力是以上下层级区分的"纵向领导力"，那么"横向领导力"是一种不依靠权威，凭自身才能与他人合作、集结力量、完成艰巨任务的能力。如何练就横向领导力，在我看来有几个关键动作。

第一步，用四象限法思考问题。遇到问题，可以从四个角度进行思考：现在的问题是什么？产生问题的原因有哪些？怎么解决这个问题？基于当前情况，具体要怎么做？这四个角度连接了问题和答案、理想状态和现实情况，能最大限度地凝聚共识。下次在面对大家意见不统一、无法做决定时，不妨引导大家这样去思考。

第二步，明确目标。如果需要他人参与协作，最好让协作者在行动前就明白自己要怎么做，以及这样做的原因。比如组织一场会议，最好在开会前就给参会人员发一封电子邮件，解释清楚会议要讨论的具体内容，让他们都能有所准备；更进阶的状态是，让大家共同参与目标的制定，每个人都明白我们到底要做什么，怎么将自己的能力嵌入其中。

第三步，用自己的行动影响他人。具体怎么做呢？首先，提升自己独立工作的能力，想让他人尊重自己，自己先要成为强者；另外就是亲自示范，你想让对方怎么做，自己要先变成这样的人。其次，多用开放式提问的方式，而不是封闭式提问，合作才能进入正向循环。

3. 找到利益结合点

往大了说，整个企业的利益是业务的增长，但是细化到每个部门、每个人，其利益又不太一样。还记得我们这一节刚开始提到的案例吗？技术部门和营销部门的目标分歧，其实根本上是利益的冲突。所以从根本上解决问题的方法，就是找到双方的利益结合点，用利他思维，为他人考虑。

同样是案例里的场景，营销部门也可以这么说：

特别理解技术部门的精益求精，也非常佩服各位伙伴的认真和用心。目前市场的情况是，这个月正好是产品的爆发期，也正好撞上了一个需求风口，如果这个时候我们可以及时推出产品的话，营业收入一定可以获得更多的增长。

先推出一个1.0版本的产品，我们尽全力用营销能力实现营业收入的增长，也可以在下个阶段一起撬动更多的技术研发投入，为下一代2.0版本的产品争取到更多的研发资源和时间……

你发现了没有，虽然营销部门的目的还是要说服技术部门尽快推出产品，但是在沟通的第一优先级上提到了一个利益结合点：一起让产品的营业收入获得增长，以撬动更多的资源投入，我们的合作可以有建设性地持续下去。这样的沟通促进了双方立场的统一，可以更加顺利地推进跨部门协作。

这也就谈到了跨界合作的关键一点：利益结合。这是跨部门协作中底层的驱动力。当然，每个人因为领域和经历不同，会有不同的观点，如何求同存异地迅速达成共识，那就需要找到利益结合点，且能够围绕着达成目的而展开行动和思考。

任何一次跨部门的协作、内部的合作，抓住以上三个关键点，就可以取得成效，最终也往往能够达成共识，事有所成。下次在面对需要跨部门协作的卡点时，不妨回顾一下我们本节介绍的这三个关键点：认知协同、横向领导力、找到利益结合点。依此去寻找问题的解决之道，你一定可以撬动更多的资源、获得更多的支持。

第四节
核心竞争：
找到自己的优势和不可替代性

LinkedIn（领英）的联合创始人里德·霍夫曼曾经说过这样一句话："我们的人生，经常不是一开始就知道自己是干什么的，也未必清楚自己的优势及市场到底需要什么。"

这是很多刚刚步入职场，或者工作年限比较短的朋友们经常遇到的问题。我的优势到底是什么？我应该做些什么来发挥自己的价值？很多时候我们的第一份工作，或者前几份工作可能都是人云亦云，跟随着做出的选择。比如在以前，大家觉得进入体制内，赢得一个"铁饭碗"，做好自己的本分工作就是优势；后来大家觉得进入外企，光鲜亮丽地在高高的写字楼里奔波就是优势；再后来互联网大厂成为很多毕业生的梦想之地，他们在挤破头获得的螺丝钉岗位上度过一个又一个日夜……

你会发现，不同时代或阶段的优势需求和市场需求都是不同的，那如何在变动的时代和趋势里、在市场的竞争之中，找到自己的优势所在呢？我认为，核心在于三种能力。

1. 行动力

在很大程度上，企业付给你薪水，购买的不是你的时间，其实是你在不同的岗位和身份之中行动起来解决问题的能力。这正是我在职场中最欣赏的人——"做事的人"。他们不是在解决一个个想象中的问题，而是在回应一个个真实世界的挑战，让事情可以被完成，让项目得以被推进，完成个人、组织、企业的目标，让价值得以被创造出来。

微软联合创始人比尔·盖茨在给 2020 年毕业生致辞时，说了这样几段话，引起我的强烈共鸣。

> 身为地球共同生活圈的一分子，你的行动将具有全球影响力。不管你的专业目标为何、不管你以哪里为家、你怎么定义自己，你将有或大或小的各种方式，让这个世界变成一个更好的地方。

> 然而，不要质疑你有发挥的空间，不论是眼下或是未来。毕竟，你所处的世界已经一次又一次证明了进步的可能——这个世界在战争摧残后重建、战胜天花、喂养了不断成长的人口，更让超过 10 亿人爬出赤贫。

> 这些进步不是意外或出于运气。而是一群人许下承诺用人生与事业换来的，他们愿意承担共同的使命，推动我们前进，而你们跟他们没有不同。

可能你会觉得我说得有些遥远，但比尔·盖茨这几段宏大的激励人心的话，**其中的关键词"你的行动"和"许下承诺"，这就是"做事的人"的两个重要特质**。企业不需要两手叉腰说漂亮话的人，我们必须用扎实的行动和过人的业绩来证明自己，在我们的职业生涯中不断实践。

2. 创新力

如果你要问我，在平常的工作中，能做一些什么来体现自己的价值所在？那我会建议你：做点儿新的事情。在旧的业务盘子里，在存量里，如果想快速做出成绩的话，可能阻力比较大，那这个时候**根据企业的业务目标，起一个新的盘子、做一**

些创新，可以让你在众人里脱颖而出。

越有限制，越需要去创新。正因为有了条条框框和资源所限，我们才必须去创新，只有这样，创新的意义和价值才能得到彰显和体现。在传统行业里引入流量思维，在新兴行业里运用线上思维，都是可以发力的尝试。这是在告诉我们"为什么要去创新"，解决 Why（为什么）的问题。

到底什么是创新？以色列人给创新下的定义是**"新的、有价值的、可行的"**。这是解决 What（是什么）的问题。创新不是天马行空，而是一定要能够被应用。我认为只有同时满足这三个条件才能被称为"创新"，只满足其中一个条件不能被称为"创新"。在你的业务板块里去对照这三个条件，琢磨一下，有哪些事情值得做。

最关键的是解决 How（怎么办）的问题：怎么去创新？我认为这就是平常所说的方法论，一定先继承，再发展。最后能够被真正应用的创新，一定是有了继承与发展，借鉴了别人的成功经验，在有限的条件下实现自我突破与应用，这样就可以事半功倍了。就算是碰到"从 0 到 1"的、没有实践借鉴的创新项目，也要在初始方法论层面的基础上去做突破和改变，至少以前已得到明确的经验：知道什么该做、什么不该做，而不是乱做，牢牢记住这一点，你就可以放手去做了。

3. 影响力

在职场里能够建立核心竞争力的最高阶一步，就是拥有自己的影响力。你的能力能够被更多的人认识到，在遇到机会和挑战的时候，大家会第一时间想到你的价值。你可以把你的目标变成众人的目标，把你的想法变成众人的共识。

一个人的影响力分为三个段位：第一，自己有职权影响力；第二，别人说你有影响力（大概率不是因为职权）；第三，说你有影响力的人有影响力（也就是影响有影响力的人）。如何一步一步建立自己的影响力呢？通过实践，有五个细节值得我们在日常工作中多注意。

（1）不依赖别人。影响力来自独立思考的能力，能够自成闭环地解决问题。

（2）学会处理突发状况。学会处理突发事件，遇事冷静不盲目做决定。你越能临危不乱、宠辱不惊、不做蠢事，你的个人影响力就会越强大。

（3）懂得比别人多一点儿。这需要你提高学习能力和阅读能力，在很多事情上有专业精神，能够总结方法论输出给别人。

（4）经营自己的关系网。你认识的人越多，关系越亲密，你的影响力也就会越大。平时应该尽可能地帮助他人、引导他人、支持他人，交更多的朋友，建立更紧密的关系。

（5）意志坚强和立场坚定。很多人都会对意志坚强、立场坚定、不轻易动摇的人抱有好感，发自内心地敬佩他们。

如果能在实践中不断践行以上五点，你离拥有影响力、拥有自己的职场核心竞争力就不远了。

这一节的开头我提到过里德·霍夫曼，在这里我也想引用他的一个观点来跟你探讨，他认为每个人的优势都是由三块"动态拼图"构成的：**你的资产、你的追求和价值观、市场现状。**

你的资产，指的是你拥有什么。它包括像财产这样的硬资产，也包括大脑中储备的知识和信息、职场人脉等软资产。硬资产好计算，关键是软资产该怎么去评估呢。里德·霍夫曼提供了一种方法：千万别自己骗自己，最好的检验方式是去社交场合了解人们的职业问题和需求，掂量掂量自己能否"轻而易举地解决别人的问题"。

你的追求和价值观，指的是你想要达到什么样的目标。这一点我们不必太死心眼，它是随时需要跟着环境而调整的。

市场现状，就是你需要问问自己拥有的知识或技能，市场需不需要。在职场中，太多有才华的人掌握的东西不具备商业价值，因此总是郁郁不得志。因此，硅谷风险投资家马克·安德森说："如果市场不存在，再聪明也没用。"

这是我们在不断提升自己的竞争力，争取得到更好的未来的过程中，值得在脑海中不断思考的三个问题，与你共勉。我相信，每个人的能力和特点各异，一定会有更多的核心竞争力可以去发力，除了我提出的这三种能力，你也一定有自己的优势和闪光点，期待你的优势可以成为你成长过程中的"护城河"。

第五节

时间管理：
用专注和计划，提升工作效率

很多人问我，为什么时间总不够用？其实，多数人做不完事情，不是因为没时间，而是做了太多根本不需要做的事情，或者无意间把时间浪费在了毫无意义的事情上。怎么才能从"浪费时间"的陷阱里走出来呢？核心还是从"管理"中找答案。

我已经坚持写了 15 年的"五项管理工作日志"，每天记录，365 天循环往复从未间断。日志里有周总结、日规划、日沟通，在每天最小工作单元时间里，规划我的工作主次、优先级，让我可以合理地安排自己的时间，高效地完成工作。

很多伙伴、同事、朋友，也会"羡慕"我轻松的工作状态，可以很好地平衡工作和生活，这就是时间管理的结果。可以这么说，对我的职业生涯帮助最大的就是每天的"五项管理工作日志"了。

我介绍密密麻麻的管理工作日志并不是想给你太大压力，或者敦促你开始动笔写"五项管理工作日志"。只是想告诉你，要对自己的工作介入、要对时间的安排进行管理，日积月累，的确可以达到你想要的效果，并最终达成目标。除了落在笔头的管理工作日志，还有哪些具体的时间管理的好方法呢？

1. 计划安排

我读过一本有关时间管理的书，叫作《把碎片化时间用起来》，里面介绍的一些方法非常好用，总结一下就是它告诉我们在管理时间时应该把重点放在"高效利用"这一点上，结合我自己的实践和理解，把方法分享给你。

时间管理的第一步，是一定要做好计划安排。以"能用眼睛看到"的形式把握自己所拥有的时间和应该做的工作，这个理念也体现在我践行的"五项管理工作日志"上。做好计划安排，可以分两步来执行。

首先是**看见我们的时间**，以月或周为单位，按照相同的时间间隔横向对比排列，时间进程一目了然。

其次是**看见我们的事情**，将事情写在便利贴上，把便利贴按类别纵向分开排列，重要程度越高的越往上面贴，已经处理完的事情就揭下那张便利贴。

将以上两个部分结合成一个二维的以"月或周"为单位的"To Do List"面板，你会发现你的时间尽在掌控中。我所推荐的方法很有仪式感，但是我们也不用完全照搬，利用日常计划本，或者日程软件也可以实现，主要是想告诉你，看见时间和看见事情这两个时间管理的核心思路很重要。

这里要提醒你的是，做计划是进行统筹安排，而不是一股脑儿地把待办事宜全部列出来，这样的计划只会使行动更加忙乱，事倍功半。接下来，根据事情的优先级排布自己的事务（见图2-1），让你每天的时间和事务清晰地呈现在自己的面前，给自己掌控感。

另外，做好计划之后，以下五点也值得关注，可以让你更高效地发挥计划的价值。

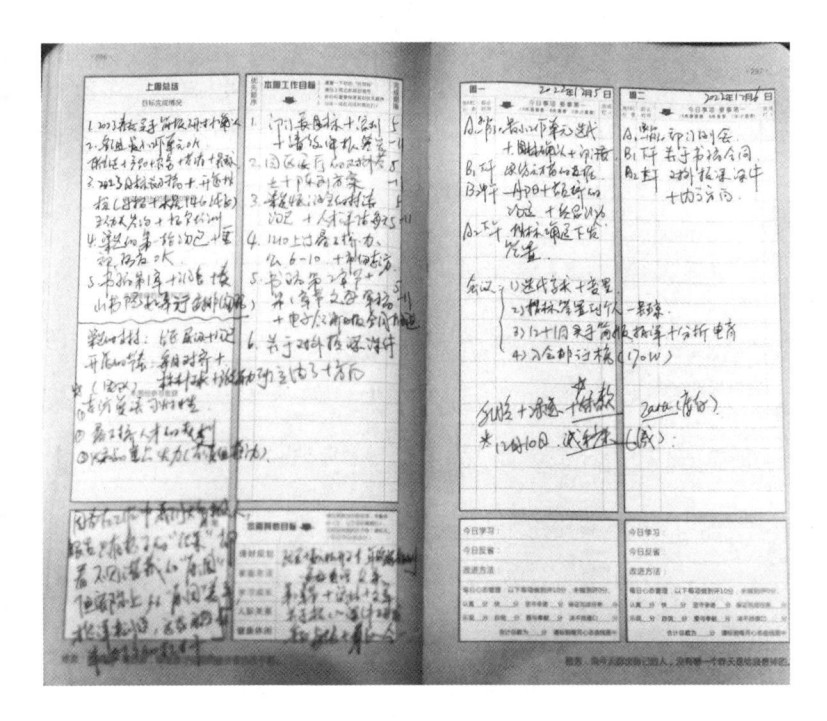

图 2-1 我每天的事务安排

（1）在确保不被打断的时间段内全心投入，计划安排的目的就在于此。

（2）当下的事情立即完成。

（3）记住，完成比完美更重要，不要被完美主义卡住，以完成简单的 80% 为阶段性目标。

（4）适当休息，避免在错误的方向上奔跑。

（5）优先做已经确定的事，别让不确定性影响你的进度。

2. 节约时间 + 增加时间

很多人会"反人性"地"拉长可用时间"，比如熬夜、早起，让一天可以利用的时间增加几小时。如果你的生物钟和精力可以接受这样的方式倒还好，但这对于大多数人来说其实是一种很消耗能量的方式。所以在《把碎片化时间用起来》这本书里，增加时间长度的方法，是建议我们尽量缩短处理手头一些事务性工作的时间，这样就可以变相地增加可以利用的时间了。

（1）与联络有关的时间。用文件、文档代替电话、会议，将工作安排列入任务清单。这是目前很多互联网公司开始施行的工作方法，很多的在线共享文档可以实现这个功能。文字会比语音、现场表达传递信息的效率更高。

（2）与整理文件有关的时间。工作中会产生很多的文件，有时候整理、搜寻文件会耗费很多时间，针对任务型的文件和学习型的文件，可以用以下几种方法来整理。

任务型的文件，将它们放在一个大的"库"中，按照时间顺序来归类文件，方便你搜寻想要的文件，以及按照时间久远程度处理掉没用的文件。学习型的文件分类归档，以便在需要的时候快速找到。

另外，增加时间的方法还有：共用他人的时间，比如有问题可以请教高手，减少自己琢磨、研究的时间；不让他人偷走自己的时间，比如尽量减少和爱迟到、爱拖拉的人合作；间隙时间的有效利用，比如在通勤路上阅读、思考，在理发的时候休息冥想；用钱买时间，比如当你要去某个地方时，坐公共交通工具需要花费 1 小时，而乘坐出租车只需要 20 分钟，这时不如用车费为自己买时间……

节约时间、增加时间的方法还有很多，等待你在生活中去发现那些细节中、小事里可以为自己"挣得"时间的方法，期待你的发现。

3. 选择值得超聚焦的事

最后，也是我认为最重要的一点，每个人的时间和精力都是有限的，要想真正"做好每一件事情"，几乎是不可能的，想要面面俱到还不如重点突破，集中精力做少数重要的事情。做事情要有所选择，少做才是通往高效的途径。这也是时间管理的底层逻辑。

判断一件事是否值得你超聚焦，有两个标准：**生产力和吸引力**。刷短视频、追剧，就属于只有吸引力而没有生产力的事，如果你将精力聚焦在这上面，就是对注意力资源的浪费，也很容易进入漫无目的的状态。

聚焦的这件事情，应该占据你 80% 的注意力。如果在工作中，你始终无法将注意力集中在一件事情上，这不是因为你太忙了，反而是因为你太闲了，有过多的注意力余额。此时你应该选择更复杂、更有挑战性的工作，激发自己进入超聚焦模式。

针对外部干扰，你可以把它们分为"是否可控"和"是否有趣"，将影响降到最小。

（1）不可控且无趣的干扰，要主动解决。比如同事说话声音很大，你要主动沟通，告诉他你受到了打扰。

（2）不可控且有趣的干扰，要学会享受。 比如团队聚餐。

（3）可控的事，要提前处理。 比如回复电子邮件，你可以确认一个固定回复信息的时间，主动"驯服"这些干扰。

"超聚焦"的背后，就是我们一定要有强烈的价值驱动，将自己的时间和精力集中于"有价值的区域"。在注意力无比专注的时候，我们的效率往往也是惊人的，做好自己的时间管理，高效工作，从容生活。

在这一章的最后，我跟你聊起来了这个看似老生常谈的有关时间的话题，是因为在我看来，无论是做一个靠谱的人、学会向上管理、把握内部合作，还是提升个人竞争力，这一切的职场加分项，都是建立在"你是一个会管理时间的人"的基础之上的，只有你对自己的时间有极强的掌控感，可以高效地利用时间，才可以将我们希望获得的加分项真正地发挥出最大的效用，祝你职场发力，更进一步。

第三章
组织管理,打造团队

> "在你成为领导以前,成功只同自己的成长有关。当你成为领导以后,成功都同别人的成长有关。"——杰克·韦尔奇

第一节

个人影响：
打造个人影响力，造就能力杠杆

进入第三章，我们从准管理者或管理者的角度，谈一谈组织管理和团队打造的话题。一个人的能力是有限的，能力杠杆的最大化在很大程度上建立在你可以领导更多人、管理更多人的基础上，即学会通过支持团队成员拿到自己的成果，而成员在这个过程中是愉悦的，并有所成长。

很多人喜欢把管理者统称为"领导"，在公司很多伙伴也经常称呼我为领导，其实我并不喜欢这个称呼。因为大家都是平等的，尤其在塑造去中心化的企业文化中，不存在谁领导谁的问题，更多是一种合作关系。本质上的"领导"能力是指如何影响别人，以达到团体实现目标的能力，其中也包含判断力及兜底的能力，即如何用最合适的成本、最恰当的方式去激发别人的意愿和能力，以达到核心目标实现的目的。

领导者是负责指导、协调群体活动的人。现实中并非所有的经理人都是领导者。但现实中优秀的经理人多半也是优秀的领导者。同理，并非所有居于管理岗位的人都能被称为"领导者"，他们不一定都具备领导的能力和具有相应的素养。反之，不在管理岗位的人也能起到一定程度的领导作用，因为领导职能本身有着自己的特有属性。

这个特性就是：领导者借助于影响力发挥作用而非职位。进一步说，生活与工作中大多数组织已脱离了"集权管理"的旧模式，领导者并不继续拥有"生杀予夺"的权力，靠"职权"所匹配的影响力日渐式微，领导者真正需要的是"非职权"的影响力，这也是从普通的管理者晋升为领导者，再到组织变革推动者的进阶过程。这和你的资历可能有关也可能无关，也许你刚步入职场，也许你已经工作了三年以上，甚至你已经是公司的高层了，无论哪种身份，你都要拥有足够的影响力且可以持续影响他人并引导其行动。

这里需要着重讲一下"影响",因为"影响"本身基于自身能量的辐射,没有冒犯感也没有很强的目的性。被你影响的对象,是被你由内而外散发和体现出来的管理能力、专业能力、人格魅力而潜移默化地指引的,可能是同化,也可能是启发或是催化。

所以在"组织管理,打造团队"这一章的最开始,我们首先谈谈管理能力的底层——如何拥有足够且持续的影响力。在职场中,打造自己的个人影响力,可以让更多的人和资源主动围绕在身边,随时随地供你调配和整合,在基于你所创造的平台和生态中,让自己创造更多的价值。那么如何有效地打造自己的影响力?以下几个关键点可以供你参考。

1. 把握和创造机会,展示自身强大的实力

(1)把握每一次定期回顾的机会,在汇报和展示阶段性工作成果的同时,润物细无声地展现你的优势。比如分享你是如何得到某个成果的,包括如何想的(思考能力)和如何做的(解决问题的能力、团队合作的能力等),以及你在这件事情中学习到了什么,准备如何应用到未来的工作中(学习能力)。即使某个项目失败了,你也可以展示你的担当和责任,以及优

秀的复盘能力,分享你在这次失败中学到了什么(从失败中学习的能力、高抗压能力等),以及如何避免下次出现类似问题。

(2)充分利用各种工作会议展示你的优势。比如报告前用心准备PPT,而且要反复演练,包括语言组织、语速调整、现场模拟、应急方案等,真正做到言简意赅、有理有据、声情并茂,这样可以让领导及下属对你青睐有加。这需要投入大量的精力,比如提前了解团队在工作中的核心痛点和挑战,会前做足充分的准备,如果会议中你的观点能够让大家眼前一亮,或者正中问题症结并有可行性方案,那么你的表现自然会加分。

(3)用事实和实力说话。短期内,聚焦完成你的工作目标、业绩绩效,是大家都能看到的,通常也是和解决公司的业务挑战相关的。如果项目很大,那么能够完成阶段性的推进也是可以的。总而言之,你需要用事实和能力证明你是胜任目前这份工作的,可以随时应对考核和挑战。在电视剧《士兵突击》中,27号士兵当众质疑袁朗的"兵王能力",点名让他亲自来实现一个看似不可能完成的任务。袁朗在规定的一分钟内迅速组装枪械、瞄准、开枪、击中,整个过程行云流水、干净利索,用铁打的实力证明自己不可冒犯的权威。有成果、有能力、有优势、有实力的人，才有资格获得更多的认可，进而影响更多的人。

2. 找到相同点

有一句话我非常认同：要用善意激发善意。心怀恶意的人和自私自利的人如果想要影响他人，会让人潜意识地拒绝他，这种拒绝可能短时间内表现不出来，但时间稍久，拒绝的念头就会在我们脑海中不自觉地冒出来。除了品行向善，还有哪些方式可以展现善意呢？我认为是找到相同点，人们总是愿意接受那些和自己相似、相同的人的影响。

同经历。善于找到与对方共同经历过的事件及相似的事件。

同类别。把自己划分到对方具有某些特质的类别中。人与人之间总会有共同点，要善于发现它们，契合它们。

同频率。同频率是指同理心、同表达。表达方式不一样会造成频率不同，善于观察对方的表达方式，让自己的表达方式尽量与对方保持一致。

同感受。这是最难的，人的感受无法量化。同感受是同经历、同类别、同频率的合集，要想获得它们，我们就需要走出去，去获得更多元的人生感受。

3. 带领所有人向前走

有影响力的人，是可以带领大家解决问题、不断前行的人，而且这种能力是其他任何人所不能取代的。要做到这一点，你需要了解以下几个方面的内容。

（1）设定愿景，给大家指明方向。团队最怕目标方向模糊，根据组织的愿景，向团队传递价值观，不要向团队伙伴隐瞒，而要真实表达，最好共同确定大家努力的方向。

（2）保持团队行动的一致性，高执行力。团队目标方向一定要清晰。大家都知道没有什么是一定成功或一定失败的，但只要整个团队心往一处想，劲往一处使，明确清晰的目标，把更多的力量用在一处，成功的概率就会大很多。成功的表现就是实现阶段性的目标，这也是获得大成功和小成功的区别。

（3）积极乐观，在危机中看到希望。面对危机，用户和团队都会有消极的情绪，一定要做好对这种情绪的管控和引导，不能使之蔓延。大环境一样，我们面对的苦难，竞争对手也在面对，这个时候就是比拼内功的时候。在面对危机时，不断地鼓励团队，帮助团队解决现实中的问题，用长期主义给大家希望。

最后，拥有影响力还有一个"少有人知"的关键点，**做真实的自己**。罗伯特·艾格先生在自传《一生的旅程》(The Ride of A Lifetime) 中讲述了其担任华特迪士尼公司首席执行官 15 年来的经验与心得。

他的一个观点，或许我们中的很多人也有同感：无论取得何种头衔或成就，我们仍会觉得从本质上来说，自己还是很久以前的那个纯真孩童。无论别人说你有多强大或多重要，你都要牢牢守住这份对自己的认知。如果被外在信息冲昏了头，只看到镜中自己额头上"刻"着的头衔，你就已经迷失了方向。**这或许是最易忽视却是最需要铭记于心的一点，无论走到旅程的哪一个阶段，你仍是最初的自己。**

"你若盛开，蝴蝶自来。"我一直相信，只有当你真正做好了自己，那些你需要的人和事，自然会来。有些人会有一个误区，觉得管理就是要管控别人，把他人"死死"地拿捏在自己的手里。其实，我们这一节讲"个人影响力"，是想告诉你，当你把自己做好之后，就可以获得影响力，甚至影响他人付诸行动。随之你的个人影响力、你的个人管理能力、你的财富都会因此提升。

第二节

选人成事：
人对了，事就对了

作为管理者，如果问我"最有价值的经验分享是什么？"那么我认为有一个观点尤其重要：**一切的活动价值都离不开人。**人也是最有可塑性和创造性的企业"资产"。这一节，我们会一起探讨有关"人"的话题。**每一位管理者，都要看到"事"背后的"人"。**

1. 人对了，事就对了

能把一件事做对、做好，一定是给事情匹配上了合适的人。给你说一个切身的感受，通过我在拼多多和腾讯两家公司的经历，我有一个发现：其实大部分的管理者都应该花大量时间来

"选人"。因为"选人"是最根本、最高效解决问题的方式。

举个例子，一般在腾讯，如果要选一位中层以上的管理者，那么需要经过 10 轮以上的面试。在高要求的背后，其实透露了企业的一个想法：要找对人，才可以做对事。不论是在腾讯还是在我其他的职业经历当中，管理者大都花 60% 的时间在"选人"上。不仅仅是面试，还包括指派任务、选定项目负责人，都是在做同一件事：思考业务、项目的背后应该需要怎样的人才来才能收获最好的结果。

在我看来，人和事一定不是割裂的。在选对了人之后，对人才足够尊重，给他自由发挥的空间和调整的余地，他就可以把自己的价值发挥到最大。卓越的企业，能够解决问题或实现业务增长的原因是：他们选对了人。

2. 什么是好的人才观

谈了"选人"的重要性，我们来看看怎样才能选到你想要的人，以及什么样的人是你需要的。我们除去每一个项目的具体所需能力，来看看人才最通用、最重要的能力和特性有哪些。

人的能力维度非常多，我相信每一位管理者每年一定也会看很多的简历、面试很多的候选人、在内部决定很多人的去留。每家企业都期望有合适的人才,那什么样的人算人才呢?人其实具有创造力,同时也有破坏力,不能简单地看他取得了多少业绩,还要看他是不是在共同的理念和价值观下。我的管理实践经验告诉我,一定要是对的人,事才是对的。那么,什么是对的人呢?

(1)不固守经验,不生搬硬套。现在唯一能确定的就是不确定性,对的人会让大家忘掉经验,不断地采用新的方法做事。固守经验的人必然会被淘汰,所以一定要用全新和发展的角度去看待问题,并能够解决问题。

(2)强调主观能动性,但同时注重价值实现。对的人一定会想得更多,做得更多,非常清楚工作中的目标和团队的价值。他只有在充分考虑每个人的自由空间和主观能动性以后,并且非常看重最后的价值实现,才能够使团队获得成功。

(3)强调创新且能够承担责任。在如今不确定性的环境中,对的人一定会鼓励和带领团队在工作中不断创新。但光有创新其实是不够的,核心还是要能够承担责任,而不是事后拍拍屁股走人。

3. 用规划和指导留住人

谈完了"选人"的重要性、选择"对的人"的重要维度，接下来，如果想让"对的人"可以持续地发挥价值和作用，那一定要"留住人"。这是很多管理者都会遇到的一个问题：有的时候精心培养的员工说走就走，也没有发生过激烈的争执或对峙，但他就这么离开了。到底是为什么？

首先，作为领导你要对照一下自己的管理经历，是否给员工设定了合理的职业发展规划和给予了相应的指导？大部分员工都没有明确的个人职业发展规划，所以和他每天沟通的领导，就显得尤为重要了。如果领导能够根据每个员工的特性，为他设定合理的职业发展规划，且能够给予监督和指导就更好了。如果领导的责任心并不是很强，也不对员工的个人成长负责任，那么经过几年简单重复的劳作，大概率会使员工觉得工作没有太大的意义，从而产生换岗位的意愿。如果不换也会带来其他负面效应，"划水"的情况就在所难免了。

另外一种情况是，极少数优秀的伙伴对自己的个人职业发展有明确的规划。如果领导无法提供合适的平台，或者给予明确的指导，那大概率优秀的员工会"炒"直属领导的"鱿鱼"，选择离职。

这两种情况我都思考过，在我们的工作实践过程中，更多的不是去看"事"，而是要看"事"后面的那个"人"。人对了，事情才能做对；人不对，事情往往都做不对。

人才是一切的根源，透过事情看到的永远都是人。如何达到既定的目标，进而实现绩效？答案就是：用对人。在这之后，想要成事只要做好两件事就可以了。

第一件事，战略方向是否需要优化？

这是管理者的职责，管理者有没有看明白？有没有想清楚再做？目前的方法论复盘，是否能解决目前的问题？从成功的经验中进行总结，一定可以找到有效的方法论。是否有了从战略走向战术的具体路径？是否在坚定不移地执行？

第二件事，目前的团队是否能够解决这个问题？

俗话说，方法永远比困难多，解决不了无非是态度或能力出了问题。态度出了问题那是致命的，一定要换人！能力的问题可以有规划性地培养，但效果呈现会比较慢，要做长期的规划。企业如果对绩效要求比较高，且要求快速增长，那么就用增加人手的方法去提升团队缺失的能力。

综上所述,"选人"是基础。最好是"降维打击",用最聪明、最高效的人去做最简单的事情。这一点我在拼多多工作期间有深刻的管理体会,管理者就是在"选人",给人以更自由的空间和更高的目标让他去挑战、去实现。

用人之所长。如果没有足够的人才储备可以实现"降维打击",那我们就要思考如何把人用到最好,也就是让人可以在他的位置上发挥自己的长处。如何实现呢？管理实践的经验就是找出组织目标、个人目标、个人特长三者交叉的部分,然后让这部分成为组织目标。人的价值观、自驱、他驱形成了高度一致,管理者自然而然可以实现用人之所长。

育人就是以身作则。育人是管理中最简单也是最难的一方面,简单在于你必须以身作则,赢得下属的信任,他才能被你所"育";复杂在于人是具有多变性的,如果没有信任做基础,那么很有可能给他人作嫁衣。

希望我的经验可以带给你启发,让你选到一起做事的人,打造一支得心应手的团队,一起拿到想要的结果,取得更大的成就。

第三节

目标管理：
用清晰的目标，同心合力拿结果

"目标"这个词，在本书里我们已经提到了很多次，于个人来说，其实很多人在工作中是没有一个清晰的目标的。自己到底要什么、走向哪里都不清楚。换句话说，如果你能有目标就已经赢了很多人。而在这一节，我们将从管理者的角度，一起探讨团队和组织的目标管理。如果你的团队里经常有伙伴动作变形，或者效率低下，那么很有可能是在目标上"出了问题"。

1. 目标分级

在"目标"这件事上，我们一定不能"既要……又要……

还要……",即不能大而全地将所有目标纳入团队和组织目标中。要明白各个层级的管理者的职责不同,所聚焦的目标也不相同。只有每个层级的管理者做好分内的事,瞄准自己的目标,整个组织才能高效运作,公司的发展也会更加稳健、迅速。

(1)高层管理者对公司策略性目标负责。这些策略性目标包括公司长期的发展、投资回报率及市场占有率的增长等。由此我们知道,高层管理者要对公司长期的发展和变化负责。公司是否在未来能高速发展?是否能够不断顺应变化?这取决于高层管理者的能力和水平。

(2)中层管理者对功能性目标负责。功能性目标包括公司中期的发展及生产力水平、人力资源方面的发展。由此我们知道,中层管理者需要对企业的稳定和效率负责。公司内部是否能够保持高效率?公司是否拥有合适的人才队伍?这取决于中层管理者的能力和水平。

(3)基层管理者对日常操作性目标负责。日常操作性目标包括短期的发展、工作安排(任务为主)、销售定额、成本控制及生产力标准。由此我们知道,基层管理者对公司短期的发展和效益负责。公司是否具有盈利能力?是否可以降低成本、保证质量？这取决于基层管理者的能力和水平。

2. 目标的"最小工作单元"

定好目标之后，接下来要做的是怎么"拆解目标"，将目标传递给每一位团队成员。对于这个话题，我想跟你分享一个很好用的工具——"最小工作单元"。

先分享一个带给我很大启发的案例。优衣库的创始人柳井正先生，早在许多年以前就发现了"工作不变性"的真相，选择了阵地战的打法。

> 选择以"一周"为工作不变性的时间周期，设计出每一个岗位的"最小工作单元"。

如图 3-1 所示，这就是优衣库鼎鼎有名的"周度工作表"，也叫"52 周工作表"。

通过最小工作单元表（见表 3-1），企业和管理者将目标展现在每一位员工面前，和大家清晰对齐。在我自身商业实践和管理实践中，这套方法也已经在起作用了，希望给你一些启发。

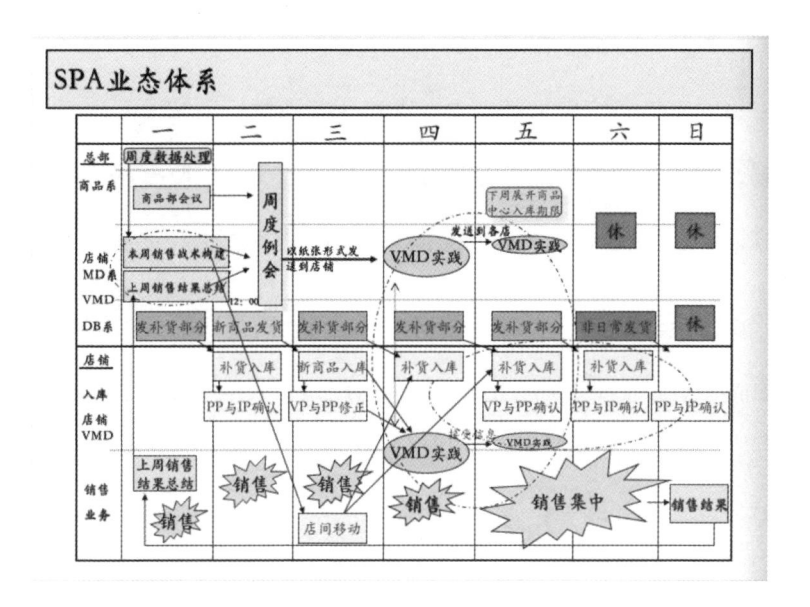

图 3-1　优衣库"周度工作表"

表 3-1　最小工作单元表

最小工作单元设计（部门/岗位）

时间	周一	周二	周三	周四	周五	周六	周日
每日							
周度							
月度	29	30	1	2	3	4	5
	6	7	8	9	10	11	12
	13	14	15	16	17	18	19
	20	21	22	23	24	25	26
	27	28	29	30	31	1	2

"最小工作单元"就好比在"阵地战"中,每个人都在做一样的事情。抓好一项工作,在每个工作单元里解决同样的问题,团队中的每个人都在关注相同的事情,然后反复迭代、对齐目标、积累经验,这样的工作效率会越来越高。

《刻意练习》这本书里有一个观点:如果你每天做同样的事情,你的效率会更高。"最小工作单元"的方法,则是给了我们一个在工作中"刻意练习"的方法。每天解决同样的问题,使我们的能力和水平越来越高。"上下同欲者胜",我们不是每天解决不同的问题,而是尽可能每天解决相同的问题,这样才有复利效率,团队每个人的"刻意练习"都会带来业务的增长。

这样的工作方法,就算是一位新人,也可以很快上手。而如果团队成员没有属于自己的"最小工作单元",就只能被迫以"遭遇战"的形式去面对工作,"遇到工作,完成工作"。一开始,也许没有明显的差距,但时间越久,差距就会越明显。这就是为什么很多人每天将时间用于琐碎又纷繁的事务上,感觉很忙却又碌碌无为。

在一段时间内,找到一件简单的小事并把这件小事做好,不断精进、迭代，这就是拆解目标、稳步完成的好方法。

3. 目标落地

目标确定好之后，最终能够实现目标价值的，一定是通过行动，高效地推动目标落地，将目标变为结果。在这一步上，我们可以分阶段来落实。

第一个阶段，很多团队成员还没法做到自律，此时则需要"他律"。管理者要很明确地交代任务的目的、目标、行动的思路、可以用到的资源、最终的交付物、截止时间等。管理者在这个过程中需要时常提醒和指导团队成员。

第二个阶段，很多团队成员已经成长为可以独当一面的悍将，那么管理者一般只需要交代任务的目的、最终的交付物和截止时间。团队成员自己就能够确定目标，自己会去找各种资源来完成任务。

第三个阶段，在前两个阶段中，管理者只把任务指派给某个负责人，这个过程中任务负责人可能也会向其他成员寻求帮助，但这个负责人是执行任务的主体。到了第三个阶段，我特别希望能够训练团队成员之间的协同能力，采用的方式是分配一项团队任务。

团队任务必须由参与此项任务的所有成员协同完成。负责人通过内部投票产生，该负责人通过组织讨论来明确任务的目标，以及交付物和截止时间，同时也需要拆分任务。管理者只在他们需要的时候参与讨论，以及在任务结束之后组织一个任务成果分享会，其他部分全部由团队成员自主协同完成。

每个人都是独立的值得被尊重的个体，每个人都有被引领、成长的渴望，我所理解的管理就是尽最大的努力来满足这份渴望。我们的目标就是让所有人的渴望变得触手可及。

第四节

组织创新：
用创新思维，激发组织活力，提高效率

我个人连续六七年都是在做公司中的创新项目，算是一名勇于创新也乐于创新的人。很多人想到创新，就以为要不破不立，要干惊为天人的事情。其实创新并不是一蹴而就的，它所需要的思考是常规的、连续的。创新不是飞跃式的灵感爆发，而是一次次发现问题，创造性地解决问题的过程。

很多优秀的互联网公司为什么能够成功？凭什么走在别人前面？

我观察过这样两家互联网公司，它们的创新风格完全不一样，比如说第一家公司在创新方面就是希望自己所做的任何一

件事情是这个行业内还没有人去探索的。这样的好处是，走无人走过的路更容易出成绩，但同样难度也很大，没有过往的经验可以遵循。团队会陷入未知的焦虑中，需要花大量的时间立项讨论，验证可能性。失去一个参照物、失去评价和案例参考的结果是缺少正向反馈，也会让团队更容易放弃。

而另一家公司拼多多，它是通过组织效能来提升创新力的。这句话应该如何理解？它做的任何业务都是市场上已经有人在做的，且基本上证明了这个方向是对的，甚至已经产生了头部效应和盈利。而这家公司在切入这个赛道的时候，就已经根据过往的经验和案例，做过充分的战略情况调研，并确认了正确的方向。那他们就用人才、资源、资金"集中力量办大事"，用最短的时间去超过同行、冲到头部。

举个例子，拼多多有一个做得很好的产品叫作"快团团"，在一年之内就率先达到了千亿元的规模。而这类产品在业内已经有很多成功的群内拼团产品，但是拼多多就通过组织效能的创新，超越了其他企业。

通过这个案例，想要告诉你的是：无论是做公司、做产品，还是做管理，不要总是想着去做一些从未有人做过的事情，也可以在更多前人的经验之上进行创新。

介绍完我对"创新"二字的理解，接下来想交付一些我在实操过程中的思考和经验，包括一些创新管理的方法，帮助你在日常创新过程中找到方向。新的方法带来改变和新增长，希望能够对你有启发。

1. 创新管理的内涵

在创新管理实践中，有四个关键点需要注意。

（1）创新就是准备各种冗余。一个没有冗余的组织或个体，其实是经不起任何意外挑战的。只有在信息充沛或宽松的环境下，才能激发人的创新潜力，不会仅仅为了所谓的目标闷头苦干。

（2）创新是对人才的升级。要根据业务目标，去重新组织团队的人才结构，新进人才的能力和想法大概率是可以为团队注入新的血液、实现对人才组织和管理升级的。这几年数字化业务进入各个公司，而后各个公司引进大量的数字化人才，也是一种创新手段。

（3）创新落地最有效的方法是让事情实现"从 1 到 N"。

千万不要总是想干"从 0 到 1"的事情，即使那个很伟大！伟大的事情总要付出更大的代价。而从"1 到 N"的创新，更符合"知行合一"，未来可以做得更稳健。

（4）创新本来就是试错，一定要有边界和底线思维。从一开始就想好哪些能做、哪些不能做，在什么情况下停止、在什么情况下继续，以及在什么情况下加大投入。只有把边界和底线考虑清楚，创新才会让大家能够放开手脚，创新就是一场容错的游戏。

如果能够把这四个关键点落实在管理中，你也可以做出一些不同寻常的事情，获得一些意料之外的结果。

2. 保持开放与透明

在管理过程中，涉及商业机密或技术专利的内容需要受限和受控管理，除此以外的内容都应该保持开放度。我特别强调要有开放的团队氛围，因为这意味着平等与自由，这是符合现在的思维模式和管理理念的。

信息无障碍、透明化流通，既证明了团队伙伴的互相信任，又保障了大家能够高效地解决问题。很多组织流程不流畅，是因为存在一定的封闭性或被所谓的权限所限。

"保持开放"可能对很多传统公司来说有一定的难度，在这一过程中，最难改变的是人的观念，以及其做事习惯和方式。这时可以建立一个"逐步开放"的过程：第一步，能让大家互通信息，先在公司形成一定的自由氛围；第二步，可以不断地通过组织流程的优化，给每个岗位设定权限，提升每个人的自主性和职业化；第三步，通过人员流动和筛选来解决管理问题，以此作为长期迭代和发展的措施。

以上三步操作可以并行，也可以逐步实施，其核心是用数字化和鼓励创新的管理手段去提升公司的管理效率。总结为一句话：越开放越好管理，开放的是信息，管理的是人性。

3. 公司实施内部"市场化"

管理者想要用创新思维管理，那一定离不开在公司内部用"市场化"的方法来激励人才，为人才提供更加活络、自由的氛围。公司内部的"市场化"，就是对稀缺资源进行有效的配置。

（1）鼓励高自驱的人：赛马。所谓赛马就是把不同的产品放到市场上去做测试，让市场评判这个产品的优劣。基于这个制度做出来的产品，最著名的案例就是微信了。

（2）发现高自驱的人：活水计划。所谓活水计划是指只要员工在公司工作满一年，就可以去任意部门应聘，而且应聘成功以后就可以转岗，任何领导都不得干涉。活水计划的目标是激发每个人的主动性，实现个体价值的最大化。腾讯相关数据显示，通过活水计划的实施，员工绩效平均提升 10%。

"市场化"的方法就是不断提醒决策者，不要自负，不要停留在分派任务和监工的状态，而要把管理变成真正的赋能。最终的产品一定是回到市场论成败，我们看的是市场的竞争性，而不是内部所谓的公平性。

4. 打造学习型组织并允许下属犯错

能否通过创新管理创造真的价值？最重要的一点是：一家公司里是否有一个学习型的组织。要打造学习型组织的方法特别多：领导带头、鼓励先进、定期培训、以赛代练等。我想特别强调一个关键点，就是允许下属犯错。

在面对新的知识、新的技能时，如果这些是我们所不知道的，那在学习的过程中就一定会犯错误。任何一次创新和指数级增长都来源于你对一个问题的重新认识，而一个团队想要有新的突破，就一定会有试错成本。所以管理者要允许下属犯错误，鼓励小成本试错，这样下属才能真正大胆地去尝试，轻装上阵地去学习，那些打造学习型组织的具体方法才有用武之地。

如果想让团队进步更快，首先就需要让每个人都意识到，攻克某个难题是大家之前没有碰到过的新挑战，想要解决它，就需要所有人一起摸索和出力。有些团队之所以进步得快，是因为团队成员在使用新技术的过程中，能带着一种"实验"的心态尝试新方法，而很多尝试都是"由下往上"的。创新管理和学习型组织，一定会产生"1+1＞2"的成果。

其次，要珍视"失败"经验。大家看到的都是成功的方法，也更愿意去学习成功的方法。但事实上，成功的方法大多相同，失败的方法才更有借鉴性。而想要成功，是需要不同的失败经验积累的。同样，想要团队探索出新的方法、想要有突破，必须有"百家争鸣"的氛围。

还记得我们在这一章分享过的制定"最小工作单元"的方法吗？"最小工作单元"也是打造学习型组织的关键一环。这样的工作方法，不是让每个人的工作机械化，而是要让每个人的工作有"留白"，留出的时间用于学习和生活。"刻意练习"并反复迭代，留白的部分让大家能够充分调整和进行创新。只有这样循环往复，才能真正发挥每个人的创造性，打造出学习型组织，营造让大家愿意试错的环境和氛围，业务也会随之增长。

在这一节，我们一起聊了作为管理者如何实现组织创新，以及创新管理的方法。数字化时代最大的特点就是大胆试错、纠正和迭代，最后那些机会才会是我们的。一个组织，要打开眼界，解放思想，认真向标杆学习，不断认识行业，理解转型，发掘组织具有的优势和优秀的基因，扬长避短；使业务模式和组织架构上的变革创新，既能像大船一样抗风浪，又能像小船一样好调头。

第五节

点线面体：
为能力和方法赋能

在第四节，我们聊了管理者的个人能力，以及与组织管理有关的实用方法，最后一节我想分享的是：有了能力和好的方法之后，还需要掌握一套工具，这套工具能够持续让组织发挥效能。这套工具就是系统、流程和体系。

第一个是系统。做完一件事后，我们要总结做事的方法和经验，让方法和经验可以被重复使用、迭代，或者让方法和经验变成工具，使团队协同效率更高。

第二个是流程。在推动一个大项目的时候，要把每一个步骤、环节上的相关方法串联起来，如果说"系统"是一个又一个的点，那"流程"就是将这些"点"串起来的"线"，它们让行动更加顺畅。就好像将散落的珍珠串成了项链，能让你感受到美好。

第三个是体系。将不同的方法、经验、做事的流程综合在一起，就是体系。系统、流程和体系，组成了一套"点线面体"立体思考问题、推进行动的模型。利用全局化的思考和行动方式，我们可以试着把事件、任务通过一个综合视角，将它们看得更全面。在这个视角中，我们也可以更有战略意义地去看问题。在工作中，一定要将系统、流程、体系三者立体化地去推动，才可以使工作效能反复迭代。对管理者而言，这是快速提升个人效能、提高组织水平和效率的武器。

同样的，"点线面体"思维在很多方面都值得思考。一个人、一款产品、一家公司，附着在什么样的"体"上？依靠在什么"面"上？绑定在哪条"线"上？要做出哪些"点"的努力？接下来，分享几则在管理过程中，我对于系统、流程、体系的思考。

1. 用系统工具提高效率

好的管理能够提高效率，而系统就是显著提高效率的方式之一。先进的管理工具，不仅能提高协作效率，而且能重塑组织生态。

系统就是让所有的数据落地，每个人的行为和动作都可以被记录、被分析，形成规律。进而能够提高团队效率。

比如，今天我们要做一个产品，让线下的商家进驻线上平台，使大家能在线上购物。如果你只跟团队成员说我们要做这样一个平台，那么大概率大家都不知道该如何下手。那些设计精密的产品、功能复杂的应用程序，到底是怎么被设计出来的呢？那就是把想法落地成系统。系统让很多想象力能够合理、严谨地变为现实。在公司，有很多想法和设计无法落地，这个时候就可以借助"系统"来落地。

如果要形成系统，就必须把想法和设计里的每一个细节考虑得非常清楚，且能够变成明确的规则。比如，第一步，我们需要写下产品需求文书；第二步，邀请商家或商家自荐入驻；第三步，资质审核；第四步，资料备案；第五步……最后，产品正式上线。不管是技术伙伴、商务伙伴还是法务伙伴等都可以加入协作。同时，借助系统，任何一个产品或服务都可以把用户的需求变成现实，在前期团队搭建起产品需求旅程图，更好地满足用户的需求，这也是系统的优势所在，它会让我们的想象更加有板有眼、严谨如初。

系统会让业务形成闭环，它本身具有"自推动"的特质。系统能够提高我们的工作效率，让很多方法论和经验被重复使用。最关键的是通过形成系统，我们的业务方向越来越清晰，团队的协同效率越来越高。

2. 用流程塑造竞争优势

流程是一系列的、连续的、有规律的活动，这些活动以特定的方式进行，并产生特定的结果。很多人往往轻视流程，把流程当作一个枯燥但必须遵守的东西。但是，克里斯坦森教授把流程视为一家公司最重要的竞争优势之一。在他看来，"流程的作用至关重要。流程是一个机构里只可意会、不可言传的文化中至关重要的一部分。""流程是无形的，为公司所有。流程是由解决问题的成百上千个微小决策逐渐形成的。流程对于战略而言至关重要，却不容易被人复制。"

流程对公司有潜移默化的影响。流程是通过监管每天成百上千个事件、决策，以及交流、互动、统筹而形成的。一旦形成流程，无须加入过多的推动、干预行为，就可以高效地完成组织目标。

关于"流程"，我们再多聊一个话题，可以再为你的组织管理效能加分——要想提高组织的效率，最重要的不是去学习先进的制度流程，不是搬运，而是要先把自己组织内的优秀基因流程化。也就是说，每一家公司的处境都不一样，要应对的挑战也不一样，任何一个制度、机制、行为在不同的公司都会产生不同的效果。

比如，一些互联网大厂流行"不打卡、没有明确的上下班时间"，在这些互联网大厂里，所产生的效果就很好。但是这个机制到了以流水线型的一线作业为主的公司，肯定就不适用了。所以，对这种经验的搬运是没有用的。

对于一家成熟的公司来说，要提高效率不是用标准的流程制度去塑造高效的行为，而是要先把这个组织中已有的高效行为识别出来，即在我自己的组织里，哪些行为是特别好的，哪些人的行为是特别好的，然后把这些经过验证的行为放大。每一家公司都有自己的土壤和基因，需要把适合这家公司的优秀基因挖掘出来，然后把它们加以数字化和流程化，再推广到整个组织当中。

3. 建立体系，事半功倍

任何事情要想被做好，一定得先建立体系，这样才会起到事半功倍的作用。

绝大多数人做不到，其实它存在一个巨大的思维漏洞，在知道和做到之间，少了关键一环。哪一环呢？没有建立体系方法论。原来我们总觉得知道了，下一步就是去做。如果做不好，要么就是理解方面出了问题，要么就是执行方面出了问题。

但是所有流程不是第一知道，第二做到，而是第一知道道理，第二方法正确，第三执行到位，即做到。

以上就是建立体系的过程,在做任何事情之前先要想明白,在理论上进行推演,方法对了,复制就简单了,问题都能自然解决,方法可以反复迭代,最重要的是可以被传承下去。

最后想提醒你的是,在追求系统、流程和体系的时候,一定要避免完美主义。

所有事情都具有不确定性,哪怕你已经做得很好了,也不能确保不出错。我们知道有个"80/20 法则",把一件事做到"差不多"的水平其实是比较容易的,而如果想做到近乎完美,所要付出的代价将会不成比例地上升。

比如说,每家公司都有自己的报销制度,出差、应酬等凡是工作中带来的花销,都可以回公司报销。我们可以想象,有些公司的报销制度都是有漏洞的,有的员工可能会钻空子,让公司蒙受损失。那请问,公司的财务人员是不是应该设计一个天衣无缝的制度,确保公司完全不受损失呢?

一个天衣无缝的制度必定是非常烦琐的制度,公司不可能逐一核实每一笔报销费的真实情况,那要消耗大量的时间和人力，成本太高。一般公司的做法都是差不多就行，只要损失不大就可以接受。

没有漏洞的系统和流程不见得是最好的，最好的系统应该是在降低的损失已经低于付出的成本时停止优化。

第四章
认识市场,洞察趋势

世界正在发生的变化,都与我们有关。

第一节

认识零售：
所有的生意都值得再做一遍

如果说前几章在和大家探讨个人、职场、组织等这个世界的"点"和"线"的话题，那么进入第四章，我们将话题拓展到"面"和"体"之上，和你一起认识市场、洞察趋势。

与市场和商业有关的话题浩瀚无垠，本书可能没有办法用有限的篇幅与你完全畅览，我更期待将我的亲身经历和实践作为一个又一个的小切口，和你一起探讨有关零售、消费、流量、直播、品牌等内容，帮助你更具体地理解市场中存在的现象和趋势，有助于你应用在自己工作或决策之中。

无论是产品、服务,还是价值的变现,都离不开一个词——零售。在我的职业生涯中,我有大量的时间在零售行业里实践。我就是线下零售业出身的,这几年也一直在研究与"新零售"有关的话题。

在这一节,我们一起来聊聊:新零售。

1. 新零售如何为企业赋能

说到新零售,就离不开"互联网",即使"互联网化"的趋势已经涌起,很多人对此的理解仍有偏颇。

B2C、O2O不等于互联网化,成立电子商务事业部不等于互联网化。互联网化是对思维方式、组织架构、内部流程、数据应用、人才结构、企业氛围、工程师文化、云服务等方面的系统性升级。我们常说的"电子商务"只是一种形式,开了一个网站,做了一个电子商务平台并不等于拥抱了互联网。**而在"新零售"的概念里,它的本质是赋能线下,通过重构"人、货、场"的关系,实现线下和线上一体化,让线下和线上相互赋能**(见图4-1)。

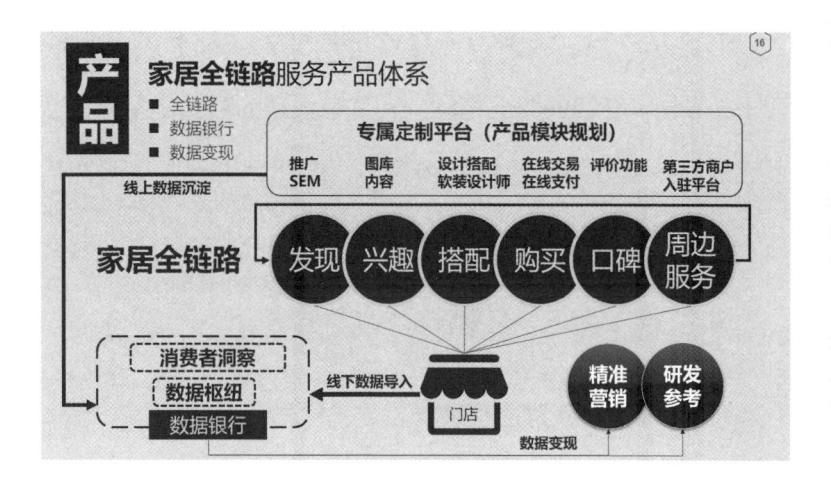

图 4-1 家居行业新零售产品体系示例

总结一下，以用户需求为核心，通过大数据、信息技术、人工智能、互联网等科技力量赋能，重构企业的"人、货、场"关系的战略，就叫新零售。在我看来，新零售对传统企业进行了三大赋能。

第一，数据赋能，通过大数据和信息技术，实现用户数据记录、会员积分记录、精准营销分发，能够对用户进行有效识别，增加老用户购物频次，提升客单价。

第二，生态赋能，通过新零售的商圈积分共享，增加精准用户的进店人数和异业合作次数，从而增加新用户人数。

第三，体验赋能，通过互联网工具，实现线上线下融合，提升门店坪效和用户购物体验。智能交互、虚实结合，有效地降低了门店的各项成本，同时降低了人员需求。

任何时代下的零售企业转型，都是在重构"人、货、场"的关系，增加老用户回购频次，提升客单价，增加新用户人数，以及提高经营效率（降低运营成本）使企业能够持续获益。

2. 在新零售之下，对于"人"的有效管理

新零售场景下商业的核心"人、货、场"并没有改变，但"人"的意义被升级为用户，企业的价值从产品销售升格为如何更好地为用户提供价值。如何在新场景、新逻辑之下，做好对"人"的管理？向你分享一个很多企业都在用的方法——"会员资产管理"。这个方法可以帮助我们更好地加深对"人"（即用户）的理解，实现业务增长。

会员资产管理是通过大数据来描绘用户画像的，实行精准的售前（精准营销）、售中（选品、配货、运输）、售后（售后服务）的管理模式，从而增加用户黏性、提高用户满意度、提高客单价及增加购买频次，并最终提升企业的价值。

新零售模式下的企业，对于用户关系体系的建立和维护更有依据性，因此，通过整合线上线下的会员管理系统，不仅能高效地对用户进行精准营销，同时还会因用户与企业之间黏性的增加而实现企业价值的快速增长。使用新零售模式的零售企业由于对会员资产进行了有效管理，从而提高了企业的盈利能力，另外通过对用户科学有效地挖掘和管理，可以降低企业的经营风险；同时通过大数据对用户各项信息进行分析与挖掘，企业可以快速高效地获得用户的精准信息，这将有效提高企业的交易效率。

新零售处于发展阶段，因此仍需积极实施会员资产管理的ATAC（Asset Tracking and Accountability Control，资产跟踪和责任控制）模型，通过实现感知、转化、活跃及社群的运营，从而增加用户黏性，保证企业稳定增值，并最终提升企业的价值。

3. 新零售的流量实现

我们一起学习了新零售模式对企业的赋能，在新零售模式下对"人"的管理，这一切的观点和方法，都指向最后一个环节——变现。我们能够引导用户做出购买决策，一定是产品或服务的营销行为影响了用户；企业能形成规模化的增长，也一定是撬动了流量的杠杆。最终所谓的新零售模式就是全网营销，当流量达到一定量级，就会形成流量红利。

现在的流量基本都是内容流量，靠大量的内容去引导用户进入店铺。用户的一个决策，背后是成千上万个站外信息影响的结果。我们无法直接改变结果，只能改变行动过程，持续地站外"种草"，不断地去影响用户，当用户高度认同你的品牌时，你的产品就会进入他们的收藏夹或购物车，后续的购买行为就是直接转化，流量成本几乎为零。

新零售的核心在于研究人和场景，即品牌想满足什么样的人？他们在哪里？他们的消费习惯、媒体阅读习惯如何？根据对人性的研究来制定我们的流量规划，流量的差别是非常大的，不同流量入口带来的人群特征是不同的。

当品牌建立起来以后，就需要"大V"或KOL（Key Opinion Leader，关键意见领袖）迅猛地带来流量，快速积累势能。这个时候不能计较投入/产出比，目标就是要快速积累势能，有了势能就可以获得零成本流量，还可以快速获得用户的信任。此时流量就会形成一个强大的趋势，推着品牌不断发展。这时的重点是做好粉丝运营，打造超级用户，让老用户复购新款。大部分用户是通过个人收藏夹来下单的，这大大摊薄了前期的流量成本。

通过"新零售"话题的讨论，我们建立了对市场、流量、用户、品牌的初步认识，这是每一位互联网人、零售人、产品人、运营人都需要掌握的。在接下来的内容里，我们会更进一步地探究相关话题。

第二节

流量思维：
懂流量的人才，最值钱

无论你在哪个行业，总会与"流量"打交道。电商行业、内容平台、社交平台……无论哪个行业的增长，都离不开"流量"。流量，其实就是用户的"注意力"。每一位用户一天的时间是有限的，而应用软件、社区平台、内容产品的数量是无限的……最终谁能获得最多的"流量"，谁就能抓住最大的机会。这也就意味着，懂流量的人是有更高价值的。具备一些"流量思维"，也是每一位互联网人的基本功。

1. 流量的重新分配

我们生活在一个流量正在被重新分配的时代。在过去，线下流量被锁在商业中心，商家需要用租金去买流量。到了互联网时代，流量被锁在门户网站，商家需要投广告去买流量。而到了移动互联网时代，这些被锁在商业中心、门户网站的流量，开始挣破枷锁、自由流淌，流向了微博、微信等社交App。

过去以"固态"形式存在的流量，现在开始以"液态"形式存在了。商家甚至可以做到用零成本来撬动巨大的流量，这是时代赋予我们的流量红利。5G时代已来，这意味着，手机终端可以承载越来越多、越来越复杂的内容。以前我们在手机上看视频会耗费大量流量，还会卡顿，而以后短视频的播放将会非常流畅，所耗费的流量成本也将几乎免费，这是流量红利所持有的科技基础。

2. 变流量为"留量"

近年来的社交电商给了我不少启发，如果挖掘、占有一波新流量的难度太大，那我们就可以从原有的流量入手，快速启动、快速奏效。我们要做的是通过社交化的方式，让老用户介绍新用户进来，转化成交，并形成一套持续增长的运营体系——变流量为"留量"。有两个路径是可行的。

第一，社群化运营。

社群化运营做得好的一个典型案例就是生鲜品牌"钱大妈",别看它卖的是生鲜产品,但"钱大妈"的店没有开在菜市场,而是驻扎在居民社区之中。得益于社区的天然土壤,"钱大妈"通过微信公众号和微信群快速与用户建立了高黏性关系。

微信群,就是"钱大妈"重要的营销工具。"钱大妈"把周边居民拉进微信群,为他们提供烹饪饮食方面的指导,这就加速了品牌在用户心中的信任感。再加上社区本身就是一个熟人社会,能产生一传十、十传百的群聚效应,所以,"钱大妈"的信誉度也就得到了有效激活。

在某段特殊时期,"钱大妈"更是升级了自己的配送服务,加大了品牌的曝光力度,让很多原本没有线上采购习惯的用户也开始通过"钱大妈"下单。要知道,人们对于生活必需品的消费习惯,一旦养成之后是不可逆的,所以对"钱大妈"来说,这段特殊时期在一程度上反而成了一个逆势生长的机会。

第二,会员化运营。

除社群化运营之外,做好会员化运营也能极大地与用户维持好关系。非常多的品牌都设置了自己的会员体系，但实际上，很多会员只是商家电脑里的数字，并不能为门店带来直接转化，而会员卡在用户钱包里被一次次蒙尘。**归根到底，创建会员体系的唯一目的就是增加用户的消费频率。**

我非常欣赏便利店"全家"的会员体系，该体系遵循的是一个共生逻辑。"全家"的会员体系中最简单的一个互惠模式是："全家"给会员的，永远是最实在的、最吸引人的优惠，从而有效提升用户的进店频次。

同时，"全家"也会从会员着手，通过系统、问卷调查等方式了解他们的喜好，所以"全家"总是能开发出满意度很高的爆款产品。即便用户不出门，"全家"也没有切断与用户之间的联系，在美团和饿了么等平台上，"全家"依然在销售自己的产品。

最重要的是，有会员权益的吸引，还有积分可抵扣的金额在会员卡中，用户还是会"乖乖"回到店里消费。这才是持续的、共生的会员模式。这一点，我们在"新零售"相关章节里，关于"人"的管理中也有过类似讨论。

3. 利用 AARRR 海盗模型促进增长

在零售专家黄碧云老师讲的一门课程里，她曾用"AARRR 模型"（Acquistion、Activation、Retention、Revenue、Referral，用户获取、用户激活、用户留存、获得收益、推荐传播，也称海盗模型），并以某购物中心为例来讲"用户增长"，即流量增长。这是一个非常有借鉴意义的模型，我也结合自己的研究项目，就"互联网公司如何实现快速增长"的话题与你分享，作为本节的附加工具。以我服务过的拼多多为例，它也是这几年全世界互联网用户增长最快的公司之一。

（1）A：Acquisition（用户获取），想办法吸引用户。

拼多多定位中低端用户群体，不断推出形式多样的优惠活动，比如9.9元特卖、一分钱抽奖、品牌清仓、名品折扣、限时秒杀、红包抵现等。并且拼多多运用了"交叉补贴"的定价原理，在推出活动的时候往往会"转嫁"成本，在免费甚至是亏本推出活动时，会有第三方广告商或VIP（Very Important Person，非常重要的人）用户提供资金流帮助拼多多承担这些成本。拼多多在用户增长后期通过冠名各种比较受欢迎的综艺节目来增加知名度，以及和一些手机厂商进行合作，手机厂商会将拼多多变为预装软件来引流用户。

（2）A：Activation（用户激活），让用户活跃起来。

不同于将其软件下载之后立刻引导用户注册登录，用户在通过好友分享拼多多链接，帮助对方砍完价格或助力红包之后，可以看到平台推送的各种优惠信息，此时平台再去引导用户下载App。登录方式可以选择微信、QQ和手机号，拼多多不会强求用户必须绑定手机号，如果不想登录，只想体验一下，用户也可以点击页面上的"跳过"按钮，如此设定，有效地降低了登录过程中造成的用户流失等损失。拼多多通过构建购物场景来潜移默化地影响用户的决定，比强硬地要求用户注册登录更加有效。

（3）R：Retention（用户留存），留下有购买力的用户。

拼多多为了最大限度地留存用户，在微信上开通了服务号，当用户长时间不主动打开拼多多App或小程序时，拼多多会通过服务号将优惠活动主动推送给用户，通过"开屏红包""领优惠券"等方式激发用户的消费欲望，还推出了签到领现金、百亿补贴等福利，这些营销手段对于那些对价格敏感的用户而言，具有强烈的"上瘾性"，留存效果非常显著。

（4）R：Revenue（获得收益），让用户尽快下单。

拼多多非常擅长利用稀缺性，给用户制造迫切感，比如红包倒计时、优惠券倒计时、优惠价格倒计时等。此外，为了让用户产生真实感，提高对产品的信任度，并引导用户真正参与消费，拼多多页面有一个会随时更新用户购物信息的滚动条，当有用户完成拼单或发起拼单时，平台都会第一时间通知其他用户。

（5）R：Referral（推荐传播），让用户推荐更多用户。

拼多多是一个建立在社交模式上的电商平台，凭借微信生态和自身的营销手段，形成了"病毒式裂变"的营销模式。拼多多通过各种红包、优惠券等活动对用户进行轮番轰炸，不断刺激用户重复分享、拉新、付费等一系列动作。

4. 围绕人的增长而采取行动

什么是增长？是"从0到1""从1到N"的发展过

程。业务增长离不开人的增长，是"人流+留人"，是开源节流的"生意"。实现增长的驱动力是什么？一是市场红利；二是"管理+领导力"；三是创新。在市场竞争趋于饱和的状况下，创新才有增长机会。拼多多就是典型的通过"低端颠覆式创新"，抓住时机错位竞争，实现神奇增长的。

在增长过程中，有几个关键词："人流+留人"、"生意"、创新，这一切的目的都围绕着一个词：利益。"从0到1"，多指创业型项目，在此阶段唯一的工作重点是找到PMF（Product Market Fit，产品和市场达到最佳的契合点）。而拼多多找到的契合点是：新需求（低消费人群），新供给（低端供应链），新连接（微信拼团——低获客成本是拼多多的最大优势）。常规的操作是：市场/数据分析洞察——设立假设PMF——MVP（Minimum Viable Product，最小化可行产品）验证——正向或反向验证策略。

早期的增长率在较大程度上是由企业的支出和获取新用户的策略驱动的，如表4-1所示。

表 4-1 企业支出和获取新用户的策略

项目	方法	适用性	优点	缺点
钱给用户	红包裂变、激励任务、拼团秒杀	有"种子"用户	快速、低成本	粗暴、无议价
钱给渠道	效果投放、分销代理、微商团购	有明确商业模型	效果好、规模化	管理成本高
钱给媒体	请代言人、软文、硬广	高客单价、转化周期长	建立情感联系、高溢价	很难被精确计算

拼多多给我们的启示是，在做产品、服务时，要问自己几个问题：你的产品是否是用户真正需要的？你的产品是否能真正找到它的市场？你的产品是否让用户愿意买单并让自己获得收益？你的产品有足够的创新性吗（可以是基本要素的新组合，也可以是其他的）？

"从 0 到 1"的下一阶段，就是"从 1 到 N"，这时的增长，大多是企业有了部分"种子"用户或明确的商业模式后的指数增长。此阶段的工作重点是围绕用户的生命周期，做有效干预"实验"，实验的速度决定了增长速度。这个阶段的常规操作是：根据阶段 AARRR 找切入点——确立阶段目标——分析假设有效的方法——实验、测算、验证动作——找到线索，持续 A/B 测试。A/B 测试是为 Web、App 界面或流程制作两个（A/B）或多个（A/B/n）版本，在同一时间维度，分别让组成成分相同（相似）的访客群组（目标人群）随机访问这些版本，收集各群组的用户体验数据和业务数据，最后分析、评估出最好的版本，并正式采用。围绕用户的生命周期做有效的干预"实验"如表 4-2 所示。

表 4-2 围绕用户的生命周期做有效的干预"实验"

定位生命周期	确立目标	认清阶段规律	策略动作	总结经验
AARRR 框架套路	北极星	洞察、假设	实验	测算数据，验证动作
拉新——激活——留存——收入——推荐，也可以是 RAARR 框架	GPV/看 CAC、活跃看 DAU/MAU、收入看 ARPU……	有效手段——时空与情景——确定性——最优获客渠道（找到能提供价值或传递信息的载体）	PDCA 增长测试（激励体系、激发自传播、邀请裂变）	A/B 测试运营工业化（实验平台｜福利系统｜运营配置｜积分与任务体系｜素材管理）

注：GPV（Gross Payment Volume，支付总额），CAC（Customer Acquisition Cost，客户获取成本），DAU（Daily Active User，日活跃用户数量），MAU（Monthly Active User，月活跃用户数量），ARPU（Average Revenue Per User，平均每用户收入）

一般的有效手段可以参考表 4-3，比如在爆发期，重点应从拉新切入，看 CAC（用户获取成本），加大拉新力度，根据效果调整。

表 4-3 不同时期的有效运营手段

有效手段	种子期	爆发期	瓶颈期
	这个阶段的用户多为主动用户，好奇心强，可提建设性意见	这个阶段可靠补贴、奖励进行拉新，多做渠道建设	心智建设阶段，关注场景口碑、关注利润，保证趋势稳定性
拉新（市场）	地推/事件营销	投放/营销（注意投资回报率）	品牌/私域
活跃（运营）	调研	促销/红包	用户运营
留存（产品）	核心功能	商业化功能	新功能

拼多多从拉新阶段入手，获取新用户的思路渗透在大大小小的产品细节中，基本逻辑均是老用户将对应的产品/活动链接发送给微信好友（也就是目标新用户），微信好友完成了一系列的行为后（比如下载、登录 App），老用户和新用户均可获得对应的利益。

综上所述，有时市场看似饱和，实际依然充满机会，要找到切入点需换个分类维度去思考。而持续提高用户的满足率，是增长的本心。最后，聪明的竞争者不是要把谁打倒，而是从不同维度满足用户的多面需求。

5. 线下和线上流量的打通

最后，我想说的是，很多人会觉得"流量"就是线上的事，其实不然。无论你是在传统行业还是在新兴行业，线下和线上流量的打通是当下的重要趋势。

关于线下和线上的流量，各有特点。线下流量主要指线下实体场所的客流量，其现状与特点如下。

（1）线下用户体验单一。线下商家可以给予用户的消费体验仍以产品为中心，用户体验单一。

（2）缺乏精准用户群画像。线下收集消费行为数据渠道单一，往往停留在客户关系管理系统内的数据，没有形成精准的用户群画像，难以捕捉用户潜在需求。

（3）线下流量范畴被限制。不少线下商家没有制定如半径三千米范围内的营销策略，将流量聚于店内。

线上流量的未来是将线上流量引至线下。

（1）线下商家作为线上流量的输出口：线上用户潜力挖掘

殆尽，因而商家希望通过将流量引至线下店铺，带动用户需求的新一轮增长。

（2）线上线下相结合，满足用户新需求。

（3）建立以用户体验为核心的C2M模式：在C2M（用户直连制造商）的商业模式下，用户需要更全更好的产品、更高性价比、更快的物流及更好的店内体验，而这些要求的核心都要解决一系列线上线下融合问题，发挥双方优势，挖掘新的消费潜力。

举一个例子，我们来看现在线下路边的各家门店，如果要用新零售的策略来经营，门店是必须"重构"的。传统的门店必须有线上门店，线上门店主要是用于导流的，用户会通过搜索、"种草"，进入线上门店、产生消费，在这种情况下，线上门店主要是卖一些客单价较实惠的产品；线下门店主要是做服务拓展的，提供更高价格的产品与更好的服务。以家纺家居行业来说，线上的用户可以在平台直接下单，购买纸巾盒、抱枕、毯子等小件物品；在线下，用户可以享受试铺服务、定制服务、安装服务等。

线上线下互相打通、互相赋能，这也是未来"新零售"的趋势之一。而偏高频低价的消费产品的作用是，在线上进行流量导入，在线下给用户做进阶的服务和体验。线下和线上从来不会割裂，在未来还会产生"1+1>2"的效果。

在这两节，我们建立了对新零售和流量的认识，相信你也有了自己的思考。在第三节，我们将一起探讨市场中的流量杠杆——品牌，一起理解如何用品牌思维谋发展、谋增长。

第三节

品牌思维：
用品牌信任，找到自身的竞争优势

你可能听过这样一个故事——可口可乐公司总裁曾称：即使一把火将可口可乐公司烧得分文不剩，公司仅凭"可口可乐"这一品牌，就可以从银行贷到款，在几个月之内重新建厂投产，获得新的发展。这就是品牌的力量，品牌能给予企业底气，也是用户对产品、服务、价值的信任。

你一定也有几个信赖的品牌，比如有的人买手机一直认准华为；有的人，苹果一出新品必定要做第一批尝鲜者；有的人非某某品牌的洗护用品不用；有的人家里饮用水一定要买农夫山泉……这些都是"品牌"效应。如果说前面两节聊的新零售模式、流量思维是企业的增长杠杆，那品牌则是企业的信任杠杆。建立信任后，持续的用户和流量也会随之而来。

怎么才算是一个好的品牌呢？有三条标准可以衡量。

第一，用户接受它的品牌溢价，接受它卖得贵。

第二，有更强的对市场的博弈能力。

第三，很多人愿意举着其产品自拍，也就是很多人在社交圈里愿意向别人介绍、推荐该产品。

接下来我们一起探讨从哪些方面、用哪些方法，可以为自己的品牌加分。

1. 以用户体验提升品牌好感

斯科特·麦克凯恩在他所著的《一切行业都是娱乐业》书中，提到一个营销法则：所有的行业都应该像娱乐业一样，最重要的不是销售产品，而是销售用户体验。今天的我们，已经进入了一个以体验为王的世界。品牌，也需要有体验的考量。

娱乐营销，是指借助娱乐的元素、形式与品牌有机结合，从而建立与用户之间的情感联系，让用户在娱乐的体验中，对品牌产生好感，以促进产品销售。

在《一切行业都是娱乐业》这本书里，作者提出这样一个问题：你的企业到底是在生产产品，还是在生产生活方式？你是在销售产品，还是在销售故事和提供情感体验？如果企业家思考过这些问题，并观察过成功的企业，那么就会更加理解娱乐营销，在这个体验经济的时代，是人的感情在推动着商机。

关于消费升级之下的"体验经济"，为了更好的情感体验，品牌也要找到合适的契合点创造新的体验。**而关于"创造体验"的关键，作为品牌一定要关注到更远、更高的维度。**

我举一个很简单的例子：三流化妆师，关注自己；二流化妆师，关注用户；一流化妆师，关注用户的用户。因为关注的对象不同，所产生的结果也不同。三流化妆师根据自己的审美喜好来化妆，不一定能满足用户的需求；二流化妆师可以对用户投其所好，但终究还是差点儿意思；一流化妆师就不一样了，今天用户要参加什么活动？面对的朋友、交际圈是怎样的？到底什么风格的妆容更合适？一流化妆师提供的服务就已经进阶了。

同样的道理，以家居床品行业为例，我们在生产产品的时候，设计师选用一款新的面料，到底是关注用户会因为面料的高级来炫耀豪气；还是关注用户会因为面料的舒适，感受到家的温馨？这两种不同维度上的关注点，设计出来的产品也会截然不同。品牌关注点不同，品牌的段位就不同。对于品牌来说，在做产品、服务的时候，怎样能够看得更远更高，不仅仅是聚焦在产品本身、材质、现有价值上，更要去看这个产品能够带给用户的美好的生活期待、更高的情绪价值，这些才是我们需要常常思考的命题。

2. 以用户需求提升品牌信任

品牌能够一而再，再而三地被用户选择，归根结底是一种"信任"。信任来源于品牌能够高效地满足用户的需求，也就是品牌"懂用户要什么"，这样的"懂"从何而来？

你应该见到过这样一个广告立牌："爱干净，住汉庭"。是不是经过提醒，你的脑海里已经想起这句广告语了？这句广告语的背后，就是典型的懂用户需求。"干净"可能在酒店从业者看来"不值得一提"，但是汉庭意识到这的确是用户最重要的需求。于是汉庭把这个承诺通过广告的形式喊出来，做好自己的品牌定位。对于酒店行业，在未来，谁能真正做到"干净"，代表"干净"，谁就将在经济型酒店新一轮的蓝海市场站稳脚跟。

我们要真正了解用户要什么，很多时候我们也是用户，用户要的肯定不仅仅是产品好和价格低，更是产品和价格能够给用户带来何种体验。

最后，说回趋势，我们经历的那段特殊时期很可能会推动整个社会的消费习惯发生一次巨大的改变，不过核心逻辑不是消费降级，而是"降级中的升级"。与此同时，我坚信中国的平价品牌将会迎来一次全球性的发展良机。

"消费降级中的升级"，就是说用户追求的是在价格上"降级"，在品质上"升级"。大家并不是去买便宜的产品，而是选择那些有一定品质保证的平价产品。大家不是不舍得花钱，而是会重新审视这笔钱能买到的"获得感"。在我看来，这不只是价格的降级、品质的升级，更是消费欲望的降级、消费观念的升级，人们在消费时更加理性了。平价又值得信任的品牌，会获得更多用户的青睐。

第四节

理解直播：
"人、货、场"统一，
是商业效率更高的成交场合

在第三节，我们聊到了消费市场的变化，大家会更加注重高性价比的产品，看似"消费降级"实则"消费升级"。这个趋势也是让网络直播带货迅速发展的原因。在直播中销售的产品，大多是符合"高性价比"特点的产品。如果说在流量、品牌上的探讨，更偏向于思考和策略，那么在这一节，我们会根据"直播"这一个具体着眼点，继续讨论如何进一步认识市场。

直播通过自身的优势，将"人、货、场"三大要素统一在同一个场景之中，大大地提升了商业效率，让"种草"、转化、成交变得极其高效。这是一种新的零售模式，也值得每个人去一探究竟。我也将自己在接触短视频、直播业务时得到的启发，以及有关心态、方法的思考都分享出来，帮助你找到自己的产品和服务的新增长点。

1. 直播，被看见的力量

先来聊一聊直播背后的价值认知。电影《一代宗师》里有一句台词：见自己、见天地、见众生。直播红利爆发就是"见众生"。当有几亿人在线时，它就变成了一个看见芸芸众生的窗口。被"看见"的力量是如此鲜活，它让相隔万里的我们真正感受到了在屏幕另一边素未谋面的陌生人的真实存在，与我们生活在同一个时空。

被"看见"的力量是如此动人，它不仅描摹出每一个普通人具体的生活，也让我们在其中看到了普通但努力活出精彩的自己。世界就是由一个个普通人组成的，但在被"看见"之前，其他人对我们而言都只是数字；而在看见之后，每个人都是被关注的共同体的一员。

理性分析，也是如此，因为规模足够大，注意力足够集中，直播就会产生很多意想不到的收益。很多可能资历不高，在现实世界中竞争力稍弱的人，因为各行各业的直播红利爆发，他们被足够多的人关注，而获得了新的机会。这个机会，你我都不容错过。

2. 直播尝试中，不要因为失败过就害怕前行

很多人认为自己不够成功，但我一直坚信"你没有成功是因为失败得不够多"，直播对于很多人来说是没有尝试过的新事物，一定会踩"坑"和试错。只要你的业务链条能够形成闭环，就要相信直播能够赋能各个业务部门，要对直播有信心。

举个例子，在2022年东方甄选火爆之前，它也有自己的"低谷期"。在2021年12月28日，新东方创始人俞敏洪亲自上阵，开启了东方甄选农产品直播带货首秀。直到2022年6月，东方甄选的招牌主播董宇辉等人因"知识风"直播带货，才让东方甄选全网刷屏。很多公司或个体能够跑通直播这条路，就是因为一直在尝试、沉淀和复盘。身边很多人会因已经试了很多次、调整了很多次，还是没能成功，而选择放弃了，这也就错失了成功的机会。市场趋势告诉我们，现在已经不是讨论直播要不要做的时候，而是一定要做、不要放弃。认

定直播赛道的大方向，坚持、重复、厚积薄发。

直播即将成为每个门店、每个业务部门的标配。用户的时间已经碎片化，用户的时间都花在了手机上。我们做直播不是为了做而做，而是为了去满足用户的消费习惯和娱乐习惯。所有的销售都来源于冲动，用户随时随地打开手机就能够看到我们。店员在门店也要时常做直播，展现自我、展现产品，加强与用户之间的连接。

现如今新零售的核心在于线上线下的互动。原来是怕别人抢你的流量，其实可以线上赋能线下。线上快速连接，线下深度服务，只要掌握了这个诀窍，其实没有什么好怕的。再不互动，你的私域流量就没了。

前期做好充分准备，考虑业务闭环，特别要考虑风险。创新都是有代价的，但是我们都认真准备了，足矣！以前的失败是因为准备得不够充分，所以要出去学，认真总结，反复推演。千万不要"一朝被蛇咬，十年怕井绳"。每个平台也要尽全力去尝试，包括抖音、视频号、海外的 TikTok，可以这么说：哪里有直播，哪里就有流量。

3. 直播是流量的指挥棒

直播在商业实战中的重要性不言而喻。利用互联网创新思维模型，我把直播定义为验证商业模式最好的 MVP 工具，因为它是流量的指挥棒。

直播带货是用优质的内容将一群对你、对你的产品感兴趣的人，即潜在的用户聚拢在一起。让你的产品和服务满足他们的需求，并引发更多的关注。只要你可以把这部分人群"搞定"，你的产品和服务就可以更快速地打开市场。

所以利用直播，在某一个时间节点积聚能量和流量，这是做业务最好的 MVP 工具，它具有实现业务闭环的属性，使之变成一种常规业务。打个比方，如果在你负责的营销项目中，可以通过直播形成 MVP，那么就可以用一段时间进行市场验证。在直播中，有流量的引入、有用户真实的下单，有可以参考的数据，就可以让你的想法快速变成现实。并且，直播带货在以下几个零售阶段都拥有自身的优势。

（1）引发。验证最小业务闭环就是通过直播这样的方式，在特定时间和特定地点，充分表达每个人的观点和想法，"短平快"地做全场景的业务闭环测试。

（2）聚集。通过直播这种方式，可以迅速聚集对直播话题感兴趣和认同你的人，还可以对展开的话题和商业实践进行充分的讨论和验证，且马上可以得到数据。

（3）反馈。不管是正面反馈还是负面反馈，通过直播这种形式都会拿到用户的真实反馈，比如下单或直播间人数的涨跌、真实的直播间的评论。

（4）裂变。只要你的产品传播效果足够好、收到的用户正面反馈足够多，你的用户数量一定会实现裂变，因为直播就是社交能力的体现。每场直播过程中主播都不遗余力地让大家点小红心和关注直播间，就是为了下一次的重逢和社交能力的转化。

（5）复购和转介绍。这两个维度几乎会同时发生，对于个体来讲可能会先后进行，通过社交关系帮助我们实现用户数量裂变和业务转介绍。

4. 如何做好一场线上直播

现在服务者和用户之间的关系正在发生改变，每个服务者都应该直面自己要服务的对象。直播就是目前最高效地与用户进行对接和沟通的方式,那如何做好一场直播呢?

(1)设定好自己的人设。要打造和用户的熟人关系,并持续保持紧密的互动。

(2)不要把直播当成一次表演。什么样的事情最吸引人呢?不一定是最好玩的事情,也不一定是最重要的事情,但一定是"没你不行"的事情,就是要让用户参与到直播中。

(3)重建用户和产品的关系。直播不是在卖货,而是在自然地展示使用场景,把产品的卖点植入用户真实的需求场景中,让产品的卖点可以被用户所感知。

(4)场场有惊喜,形成稳定关系。一来是主播本身,如果主播可以通过自己在直播间的互动、长期运营、积累粉丝,就可以形成自己的用户基本盘。二来是供应链层面,我们加强供应链优势,每场直播都能够给用户带来不一样的惊喜。

"直播"是目前带货的重要形式。如果能够研究好、把握住,流量吸引和品牌效应也一定可以被你牢牢抓在手中。除了"直播",我也想告诉你:在持续变化的市场中,未来一定会有更多新鲜的方式、模式，我们要做的就是看清背后的价值、拥有试错的勇气，并且掌握好方法，不断迭代、获得结果。

第五节

看到未来：
在数字化时代，更多的可能即将发生

本章聊了关于零售、消费、流量、品牌、直播的话题，在最后，我们一起把目光看向未来，看得再远一些，一起看看浪潮的走向。

线上线下的零售世界、线上线下的商业世界是同一个世界，而不是两个分割的主体，因为我们拥有一群共同的用户。互联网的用户行为都已经随着智能手机的普及和各种应用的广泛使用被深度地数字化了。

越来越多的用户需求、欲望表达，都会留下具体的痕迹和数据，比如以购物平台为例，用户量、点击数、加购数、复购率……这些消费行为都可以被探知、被获取、被分析，也就是被数字化。并且数字化的消费行为可以实时地去推动供给侧的变革，促进新需求的发展和新供给的产生。这一节，我想就企业"数字化"这一话题，跟你一起探讨。

1. 数字化并非遥不可及

可能很多人会觉得"数字化"很高大上、遥不可及，或者需要耗费很多的人力、物力、精力才能实现，其实不然，很多时候企业的数字化就藏在细节之中，只要能在细节上稍有改变，就可以发挥巨大的作用。

我曾经任职的罗莱家纺有这么一个实例：当年罗莱家纺公司的所有人，不管是销售团队还是供应链合作团队，每天总计要发出去 8000 张名片，算下来，一个月（按 30 天算）是 24 万张，一年（按 365 天算）就是 292 万张。这 292 万张可不是一个小数字，它可以连接到 292 万个人及其背后的家庭，保守算下来也有几百万人。你可能也收到过销售人员递给你的名片，是不是就随手塞进口袋、丢进车里，不再去看了？就算拍下了照片，或者存了手机号也很少去翻看，甚至有些人出门后，就把名片扔了。毫不夸张地说，罗莱家纺一年有很多的潜在用户被白白"扔"进了垃圾桶。

这一类的名片发放所带来的流量转化少之又少,我们把它称为"鸡肋流量"。既然意识到问题,要怎么改进,让"食之无味、弃之可惜"的流量真正有价值?罗莱家纺就用上了"数字化"这一招。

罗莱家纺在所有员工的名片上添加了一条信息:特定级别的折扣二维码。在向客户递名片时,罗莱家纺的员工会这样跟客户说:"先生,这是我的名片,您拿到我的名片可以享受我这个级别的折扣,在我们线下 3000 家门店的任意一家店都有效。拿到我名片的人,到店能享受的折扣是 4.5 折。"4.5 折!听完这个折扣,你是不是马上想找罗莱家纺的员工要张名片了,哪里还舍得把名片丢进垃圾桶里?

名片这么一改,给罗莱家纺带来了超过 600 万元的销售额。相当于罗莱家纺两家新店全年的营业额,还省去了开两家新店的成本(开一家新店的成本约为 200 万元)。

后来,罗莱家纺按照优化名片的思路,在导购员发在朋友圈的图片上加上了折扣二维码,客户只要扫这个二维码,就可以直接跳转到官方商城。如果下单，就会获得这位导购员的特定级别的折扣，同时，这笔订单也会被记入对应的导购员与门店的业绩中，这样一来，导购员在朋友圈营销的积极性又被激发了。

有了这样的动作，在四个月的时间里，从全国导购员的朋友圈转化来的订单就有4078笔，新增销售额接近500万元。

通过这个案例我想告诉你，现在的企业想实现数字化并非高不可攀、遥不可及，在小处着眼，细节处着手，稍加改变，就可以用数字化的工具收获颠覆性的成果。

2. 企业数字化实现步骤

既然数字化并非遥不可及，那么有些细节和环节是可以直接落地的。我们来看看从整个企业视角出发，应该遵循哪些方法实现企业数字化。

数字化的第一步，就是先拿到全量、全要素的数据，通过数据所搭建起来的那个孪生世界（指在信息化平台内模拟物理实体、流程或系统，即打造一个现实场景的数字化孪生双胞胎），我们就能追溯过程和行为，定位到要解决的问题。所以在这一步，我们要先学习一些简单的量化思考的方式。

第二步，光有数据还不够，我们还得串联各个节点上的数据，形成数据链条。虽然有的企业拥有很多数据，但其实这些数据还是数据"孤岛"，这些数据没有办法和现实世界的工作联系起来，所以就会造成数据不仅不能指导行为，反而变成了负担，这是很多企业数字化转型失败的原因。所以在这一步，我们要学会怎样通过连接数据，让其真正指导我们的行为，从而提高协作的效率。

第三步，我们就来看看这套方法怎么用到个人身上。哪怕我不是一个组织，但是我作为一个个体，能不能通过这种数字化管理，通过这种数字化的方式和途径，来提高自己的效率。

接下来，我们来看如何将"数字化"落在实处，建议大家可以从以下四个方面努力。

（1）组织层面。团队成员通过数字工作系统（应用软件），如企业微信、钉钉、飞书、腾讯文档，可以大大提高其工作效率。与组织内外的成员互动、产生线上线下融合的高效行动，通过透明化的工作界面，实现价值连接、协同、创造和分享契约，我们定义其为"敏捷团队"。

（2）目标和激励。以前，工作目标由管理者制定；数字化时代，敏捷团队成员共同制定目标。以前，领导力指激励、追随的能力，团队成员依赖领导者领取任务；数字化时代，领导力则强调个体为自己制定目标，团队成员之间实现主动协同、主动自我管理。

（3）共生理念。团队成员通过数字工作系统（应用软件）的赋能，实现从个体到数字个体的转变，融合线上线下场景，创造更多的新价值；数字个体的思维模式需要彻底改变，不能再强调"分工"，而应以协同、共生为理念。"协同共生"这个词听起来可能有些陌生，我们可以将其理解为"一荣俱荣，一损俱损"。也就是说，我的价值要通过你来体现，你的价值也需要我的贡献。在数字化的工作系统里，人们可以更紧密地联结在一起，同时也让每个人可以发挥自己的价值，明白是谁带来了帮助、做出了贡献、付出了努力。

（4）个体承载。我们发现，数字工作系统（应用软件）是帮助组织建立敏捷团队、赋能数字个体、升级数字领导力的必要保障。但组织面对的真正挑战并不是技术，而是团队成员认知升级所采取的行动和重建组织运作机制的能力和行动。数字工作方式的核心是智能协同,让人更有价值、更有成效。

综上所述,在数字化时代,也就是进入去中心化、协同共生的阶段,你的行动、贡献,更容易被所有人看见,你的价值也更容易被看见,从而给予我们个体的正向反馈也会增多,从而形成工作的正向循环。

3. 未来,我们更需要数字化

数字化行为本身能帮助我们提高效率,但是在数字化落地的过程中,我们不能只对结果实现数字化。在实现"数字化"的过程中,测量即干预,我们要把过程、所有的动作都实现数字化,我们要实现的那个最终目标是全量、全要素。

怎么把一个难以量化的行为进行数字落地呢?这里介绍两种方法,一种是找到可替代的其他行为,另一种是模糊定义数字化,模糊的数字化也比没有数字化要强。

而后要注意的是,孤立的数据没有意义,我们要建立数据之间的连接。我们要建立数据和数据之间的连接,要建立数据和行为之间的连接,通过这种连接就能把隐性的关系通过数字化的方式透明化，来减轻协作过程中的摩擦，让我们更快地达成合作和共识。要实现这一点，靠的其实本质上不是工具，而是我们自己对数字化的思考和理解。

然后，用OKR（Objectives and Key Results，目标与关键成果法）进行过程管理，这也是一种很有效的方法。当我们没有办法拿到全量、全要素的数据时，必须学会根据自己的目标定义关键指标，排除干扰因素。它至少能帮助我们实现部分数字化，提高在某一个维度上的效率。

很多人会认为"数字化"是针对组织、企业来讲的，但是其实"数字化"是我们每一个个体都需要具备的思维方式。就像过去，我们总说每个人都要有"互联网思维"一样，现在和未来我们更要具备"数字化思维"——加入或打造一个透明化的敏捷团队；拥有个人目标、主动自我管理；在紧密的协同共生中，体现个人价值。

在数字经济时代，最重要的两个关键元素，一个是"数"，另一个是"智"。这两者都会因为有了数字化而让企业产生进一步走向全面智慧化、智能化的驱动力。因为越来越多的用户需求，通过消费行为的数字化而被探知、被获取、被分析，并且可以实时地去推动供给侧的变革,促进新需求的发展和新供给的产生。而它也必将成为整个中国经济面向未来高速发展的驱动力。企业如果能够抢先一步抓住"数字化"的机会,一定可以在未来抢占红利。

第五章
理解商业,发现机会

扩大视野,让巨人的经验,转化为自己成长的工具。

第一节

推动创新：
机会藏在舒适区之外

彼得·德鲁克在《创新与企业家精神》一书中，曾经说过：

> 创新活动赋予资源一种新的能力，使它能够创造财富。事实上，创新本身就创造了资源。

在如今的市场经济之下，企业的竞争力体现在，在同样的资源之下，能否用创新活动赋予资源新的能力，并以此拉开差距。

创新是指以现有的思维模式提出有别于常规或常人思路的

见解，利用现有的知识和物质，在特定的环境中，本着理想化需要或为满足社会需求，而改进或创造新的事物、方法、要素、路径、环境，并能获得一定效果的行为。

举个例子，你大概就可以理解什么是创新了。拼多多就是运用了底层市场的创新哲学，找到了京东和淘宝没有覆盖的低收入用户群体，以及市场里追求极致性价比的用户。虽然拼多多平台上卖的产品会被很多用户指责质量不好，但是产品具备了基本的性能，价格也比京东和淘宝便宜。平台通过打造低价爆款的流量产品，做到了薄利多销，这是拼多多的性价比创新。

不仅是产品价格、用户定位的创新，而且还包括通过朋友圈的砍价、拼单实现互动，带动产品的传播，拼多多实现了流程创新。用户不需要主动搜索，只要点击朋友发送的链接就可以下单，这降低了操作难度和下单门槛，也就做到了"去技能化"。所以，拼多多从一个本来看上去已经"很拥挤"的电商市场中闯出了一个巨大的市场空间，这就是竞争成功的创新实例。

拼多多的创新印证了一句话：一切创新的核心，都是为用户带来一种更高效和更美好的产品,而不是贩卖技术本身。

1. 科技创新和模式创新

在市场上,存在着一种关于科技创新和模式创新的争论。突破性的新业务,绝不局限于技术的发明及其商业化,它们成功的真正奥秘在于,将新技术和与之相配的强大商业模式结合在一起。

在需求侧,用户消费习惯正进入一个转型期,而注重需求侧改革则主要依托互联网带来的消费模式变革,这一变革激发了国内市场的消费热情。从全域角度来看,用户一定更追求产品的使用价值,也就是"性价比",这在任何时候都是颠扑不破的规律。近年来的团购产品、团购服务,显然有着极强的优势。

在供给侧,团购能够大大加速重塑传统流通渠道的进程,通过集聚需求的方式,压缩流通过程中的分销层级,减少价格加码环节,进而加速流通渠道的进化。更关键的是,供给方在集聚了海量的下游需求之后,可以倒逼生产端改革。

同时,科技创新和模式创新协同共进,提升生产效率,这一点在农业方面尤其明显。举个例子,"无人机"是不是听上去很高科技、很高大上?现如今通过科技创新,无人机在农业上的应用非常广泛,它们在新疆的棉田、南方的稻田一线作业,帮助农民减少人力成本、精力的投入,提升了效率。

很多头部企业,也通过科技赋能农业,为传统农业注入新的力量。比如拼多多正在通过科技的力量,实现农业产品的精准收购、销售、运输,搭建供应链,培养"新农人",很多电商公司也纷纷设立乡村振兴部门。拼多多的副总裁曾表示,拼多多正努力在智能 AI 领域尝试,期待探索出一批适用于小农生产模式且成本低、可复制的 AI 农业应用。在很多传统效率低、缺少人才的行业,都可以利用科技创新和模式创新的方式实现增长。

2. 开放式创新

华为能够取得进步,靠的不是闭门造车,而是开放式创新。《经济日报》记者曾报道过这样一个细节,他们想以"自主创新"为主题采访华为总部,却被告知华为不愿意接受采访。原来是因为"自主创新"和华为的想法相冲突。任正非曾公开表示,华为的创新形式不是自主创新,而是一种开放式、集成式创新。它不是关起门来做自我循环创新，而是引进全世界最先进的成果，在此基础上进行创新。

华为的开放式创新不仅体现在技术创新方面，也表现在管理创新方面。1997年，华为聘请IBM专家帮助华为搭建职业化管理的流程体系，目的是把华为从一个以技术为导向的公司变成一个以客户需求为导向的公司。为此，公司确定了"先僵化，后优化，再固化"的原则。

先僵化，说的是在学习西方管理体系的时候，华为做到了"削足适履"。任正非说，我们引入西方的薪酬和绩效管理体系，是因为我们已经看到，继续沿用过去的土办法，尽管眼前还能活着，但不能保证我们今后可以继续活下去。现在我们需要脱下"草鞋"，换上一双"美国鞋"。穿新鞋走老路当然不行，我们要走的是世界上领先企业走过的路。这些企业已经活了很长时间，他们走过的路被证明是一条企业生存之路。

后优化，说的是在学习西方管理体系的基础上，进行创新和优化。华为把优化分成了两个方面，一是对西方原有体系的创新，二是对华为原有做法的改造。

再固化，说的是优化到一定程度后进行标准化，形成下一步持续改进的基础。固化的目的是让管理行为制度化、程序化、规范化、标准化。华为认识到，只有对先进经验进行僵化学习、持续优化，并形成标准流程，才能进入下一个"先僵化，后优化，再固化"的创新循环。

第二节

工具思维：
边做边学、边干边想，用工具谋增长

有一个真相是：很多时候，普通人做事都是一种应激反应。问题来了，容易被打得措手不及，对每一次问题的解决都是从头再来，可以说是非常被动的。但问题是可以被归类的，解决问题的思路也是可以形成工具和方法的。如果你看到一些高手每次在遇到问题时都不慌不忙，成竹在胸，就是因为他们对问题的应对有自己的工具和方法，在面对问题时有一套完整有效的方法论，这就是高手和普通人的区别。

对于企业和管理者也是如此，有的企业拥有自己应对问题的工具和方法，在面对瓶颈期时也可以轻松跨越；而有的企业则会被一些难题击中、一蹶不振。在这一节，分享给大家一些在企业中常用的解决问题的工具和方法,帮助你练就解题、成事的工具思维,在下一次面对难题的时候也可以轻松应对。

1. 中台思维提升效率

在组织架构这件事上,真正值得关注的是,现在很多互联网公司都在搭建一层新架构,叫"中台"。阿里巴巴搭建了数据中台,腾讯搭建了技术中台,字节跳动的各项业务都接入了中台。组织的技术效率、业务效率得到大大的提升,各家企业的中台都可以灵便敏捷地支持前端业务。

那么什么是中台?中台,是一个能同时支撑多个业务,让业务之间的信息形成交互和增强的机制。那为什么在现在这个时间点,各大互联网公司都开始搭建中台了呢?因为随着它们的业务越来越多、越来越复杂,在业务的管理和功能上,出现了不少重合的环节。如果这些环节都要独立开发,就会非常浪费资源。中台是一个能实现数据交换和增强的系统,这个系统能同时支撑多种形态的业务。这样的一个系统不仅能避免因重复开发而带来的资源浪费,而且还能大幅度提升管理效率。

以上就是我们常说的"中台思维"。中台是把一些能广泛适用的经验,从具体的业务当中抽离出来,变成一个模块、一种方法论。越接近用户的一端,就越个性化、多样化,以满足不同的需求;而越接近企业内部的一端,则越需要整合。中台就是让企业内部共通的能力形成一个又一个小的组织,让中台用自身的专业性,帮助企业内部解决问题、发挥价值(见图 5-1)。这也是企业内部的一种正向循环,互相促进,互相成长,让企业的人才效率得以提升,使得业务效率再上一个台阶。这种思维方式,不仅大型互联网公司能用,而且我们平时在工作中也可以结合使用。如果我们具备了模块化、整合化的工作思维和习惯,也将提升一线工作效率。

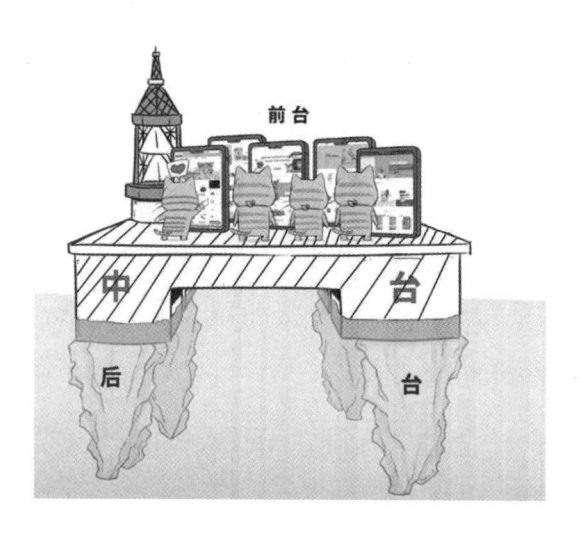

图 5-1 中台在企业中的示例

2. 后向一体化思维

另一个工具思维是"后向一体化思维"。落实后向一体化，并不是为了要做霸主，也不是为了要做全产业链，让自己获得一种确定性。

运用后向一体化思维的目的有两个：一是确保自己供应链的稳定性；二是减少生产成本，保证自己的价格优势，提高竞争力，甚至还能给别的厂商供货。迈克尔·波特在《竞争战略》这本书里说道：

> **后向一体化，就是用来解决稀缺性流动，是非常重要的一个战略。**

我们再拓展一下，既然有后向一体化，就有前向一体化。后向一体化是向上游生产端扩张，前向一体化则是指生产型的公司，比如美的、格力，向下游的销售端扩张，自建销售体系。前向一体化，考验的是对用户需求的洞察能力、营销能力等。

而"前向一体化"加上"后向一体化"，就是纵向一体化，是对同一个产业上、中、下游做垂直整合。

3. 决策思维

我的很多朋友在工作中面对一件事情时经常犯难，因为信息太多、顾虑太多，又或者是因为风险高、不确定性高，每逢做决策时，总要花费很多时间和精力。而在腾讯，每半年就要进行一次专业的管理人员素质测试，我个人在职业素养方面的优势就是决策快。下面就我自己的经验和方法来谈谈决策思维。

在这个信息冗余的年代，信息反而影响了决策效率，因为考虑的因素比较多，参与的人员比较多，建议也比较多，会使人变得没有主意。我一般的思考路径如下。

（1）相信专业的人士。在这个行业内谁做得最专业，且成功率比较高，我就听谁的建议。

（2）相信另一面。当有两个比较好的方案时，就用抛硬币的方式来决定用哪一个方案。如果不认可，那另一个方案就是我要的决策。

决策中的建议就是建立信任的过程，信任是需要通过积累、不断验证才能得到的。决策的成功率也属于概率学范畴，只要认定了就坚定不移地去执行，执行过程中能够不忘初衷地实行 PDCA 循环，拿到想要拿到的成果才是最关键的。决策前要充分考虑和讨论，决策后要坚定执行。

4．平台思维

之前和创业伙伴沟通过商业模式的问题，关于我们以前做过的事情和未来要做的事情，谈起来我们非常兴奋。总体来讲，我们认为未来企业的业务模式都应该是平台模式。如业务利润特别高，高到边际成本可以忽略不计。就像游戏业务和知识付费行业，早期的投入开发成本会比较高，而一旦能够实现指数级增长，其实投入的成本就可以忽略不计了。所以高额的利润，来源于可以忽略不计的边际成本，而不是来源于加价。

当业务规模足够大的时候，就能够创造一个协同共生的共赢模式，让业务闭环中的参与者都因此而获益。形成正向的增长飞轮，每个人都希望把这件事情做成功，自然而然就像滚雪球的赛道一样，赛道积雪越多，雪球就会越滚越大。

本节，向大家介绍了几种在企业管理中常用的方法和思维，交付了几种解决问题、谋求增长的方法。最重要的不是方法本身，方法仅供参考，你可以把平时的经验、思考总结成自己的方法和工具，建立萃取经验和方法的意识，让过去的经验成为你解决难题、跨越瓶颈的底气。

第三节

直面竞争：
你需要与时俱进更新战略

只要你处在市场、社会之中，就一定离不开"竞争"。无论是主动谋求竞争还是被动接受竞争，竞争的目的一定是让自己变得更好，或者找到新的增长点、机会点，这才是竞争的意义所在。竞争随处可在，所以一定有恶性竞争和良性竞争的区别，国与国之间、企业与企业之间、个人与个人之间，找到良性竞争的思维和战略，才能让整个世界、市场、社会变得更好。

你会发现每一个行业里的头部，总有互为促进、共同成长的"竞争对手"，比如可口可乐和百事可乐、肯德基和麦当劳、奔驰和宝马……因为对方的存在也在倒逼自己不断行动，永不止步。"同向为竞，相向为争。"良性的竞争，是互相陪跑，共同成长。

1. 判断竞争阶段

在这里，我们来聊聊行业的不同竞争阶段，不仅可以让大家对市场有进一步的认知，还可以帮助大家更好地进行职业选择或做出创业决策。

（1）竞争早期，产品为王。大家比的是科技能力，选择权在生产商手上。

（2）竞争中期，渠道为王。大家比的是铺货能力，选择权在渠道商手上。

（3）竞争后期，营销为王。大家比的是如何占领用户的心智，选择权最终回到用户手上。

在每一个时期，商家广告的侧重点都是不同的，竞争早期，宣传功能；竞争中期，宣传渠道；而竞争后期，则开始分析用户的心态。因此，通过广告内容，你可以很容易地判断某个行业目前的发展状态，进一步判断你是否适合加入这个行业。

在竞争早期进入某个行业，你可以快速拿到结果的希望比较大；在竞争中期进入某个行业，你需要有能力开拓很强的渠道；而在竞争后期进入某个行业，你再想靠产品和渠道获胜就非常困难了，你要付出更多的努力才能有所突破，如果想要更快做出成绩，那么建议你适时换一个赛道。

2. 不要总盯着竞争对手

任正非在接受采访时曾说道：把多的钱让出去，让给客户，让给合作伙伴，让给竞争对手，这样我们才会越来越强大。

不要总想着把竞争对手赶尽杀绝。给对手一条活路，未尝不是给自己下了一步活棋。

自己不把事情做好，老想去跟别人争，根据别人怎么做来决定自己怎么做，当你眼里只有对手的时候，哪还顾得上用户？当你把所有心思放在竞争对手身上的时候，就很容易被对手牵着鼻子走，真正的竞争是和自己竞争，比拼的是适应市场变化和赢得用户的能力。

一个人想要获得什么样的成就，往往取决于他的敌人是谁，以及他的敌人是什么层次和水平。你从来都不会被竞争对手打败，你只可能被用户抛弃。过多关注对手，大概率会跟随对手亦步亦趋，最多成为像对手一样的人（公司）；而专注于用户，就会在满足用户需求、为用户创造价值上下功夫，最终成为市场赢家。自己能够不再把真正伟大的对手（市场领袖）视为对手，而是视为砥砺石时，自己才有机会在某一天真的与"伟大"同行。

话说回来，有很多公司将太多注意力放在竞争对手身上，很多互联网公司尤其是这样的。要想赢得市场，有两种办法：第一种办法是让自己变强，第二种办法是让别人变弱。关心竞争对手多了之后，很容易用第二种办法，因为相对来说更容易，这样很容易陷入打击别人、诋毁别人的陷阱中。更"可怕"的是，在这个阶段还会给自己造成一种心理暗示：不是我笨，而是他坏或怎么样，这对个人和组织来说都不是一个好的现象。

举个例子，大型超市的出现，打压了夫妻店的生意；网购的出现又影响了实体店的生意；共享单车的出现，打击了等在地铁站口摩的师傅们的生意。时代有时候抛弃你，与同一维度的竞争对手无关，甚至与你无关。就看在商业的河流中，你是顺势而为，还是逆流而上，能否把握住真正的机会。

3. 竞争战略

这一部分，想跟大家谈两个话题：一是卡位、占位、错位，二是总成本领先。

一个公司在制定战略时，并不仅仅是看自己，还要看趋势、看市场、看未来。战略是以竞争为导向的，首先我们要卡位，卡住用户的认知，也就是如何能够建立用户的第一认知，这是一个永恒的命题。其次是占位，必须分析出自己的独特优势，出发点须具有垄断性。最后是错位，具有卓越眼光，可以分析出市场中新的机会。

说到错位，举一个大家都熟悉的案例：元气森林。在元气森林出现之前，其他的饮料品牌都在竞争低价、更多口味，如果后来者元气森林继续加入老战场，那胜算非常渺茫。而元气森林就找到了错位竞争市场，它关注到了年轻人对于健康生活、健康饮食的需求，把自己定位成健康生活的代表，也提升了自己的价值感，找到了自己的差异化定位，价格也自然水涨船高，在本来非常拥挤的饮料赛道赢得了一席之地。

我们要明白，人类社会的竞争，不是个体能力的竞争，而是网络化的竞争。你在什么网络中，占据什么样的节点，对竞争结果的影响，比你的个体能力要重要得多。这几年火爆的泡泡玛特，可能外行人记住的是泡泡玛特的盲盒，但根据创始人王宁所说，盲盒其实只是打开市场的一块敲门砖，一个好用的手段。真正让泡泡玛特保持领先优势的是搭建了平台，采用S2B2C模式（S指大供货商、B指渠道商、C指顾客，集合供货商，赋能于渠道商，并共同服务于顾客的电子商务营销模式）来整合整个行业。他们找到了自己的优势和节点，联合了人们喜欢的各种IP，打造了"前端卖货、后端生产"的模式。这让泡泡玛特能够在行业中脱颖而出。

关于战略选择，战略专家迈克尔·波特讲过三种基本竞争战略，而其中一种叫作总成本领先。听上去好像很简单，总成本领先，不就是低价吗？价格竞争谁不会？

其实，低价竞争并不是一种战略，低成本才是一种竞争战略。由总成本领先带来的低价，才能让你形成战略优势。大家都降价，大家都不赚钱。但是大家都降价，你能赚钱，这才是你的战略优势。

比如，麦当劳的战略优势就在于，极高的运营效率所带来的总成本领先。所以麦当劳能够做到：你跟我一样好吃，但你一定比我贵；你跟我一个价格，但你一定没我好吃。这就是总成本领先所带来的战略优势。而当你制定出一个战略时，你就应该在所有的管理活动中强化这个战略，并用压倒性的投入来实现它。

希望大家看完这一节，可以好好梳理自己所面对的竞争对手，从而找到自己需要改进的地方，不要陷入囚徒困境中，而是要提升自己的竞争力。让每一次竞争都给自己带来新的增长和机会。竞争力的外化体现有非常多的形式，可能是持久力、差异化、抵抗脆弱的能力、适应市场灵活应变的能力……期待你也能早日提升自己的竞争力，长久生存、保持增长。

第四节

创业思维：
人人都要做自己的 CEO

有一个可以预见的真相：未来 97% 的工作都和创业有关，为什么会提出这样的观点呢？因为敢于创业是一种积极向上的心态，只有全力以赴才有机会，追求自我超越，而不是领导的赏识。而且在这样的创业心态之下，人们的聚焦点不再是阶段性的个人利益，而是更关心最终的成功，拥有创业心态的人也更容易走到最后，拿到结果。

同时，创业思维会让你变得更加务实，不再"鬼扯"所谓的高大上或情怀，而是更关注真正的用户认同，你会影响你身边的人，比如伙伴、团队。创业的良好状态也是每个人在职业生涯中追寻的终极目标,如果能在职场上用创业心态去做事,那未来真正的创业必定会更容易成功。人生每一天都在彩排,最好用终结论来演绎每一天,一切都会如自己所愿。无论是在公司中做创业型的项目,快速起盘,还是跨越职场,成为一名真正的创业者,都需要具备"创业思维"来应对挑战。

1. 业务增长的方向和机会

创业中,和变现直接相关的就是业务增长的能力。如果想要有增长,那一定要有新的模式或方法,你不能一直做重复的事情,却期待得到不同的结果。关于新业务模式,经过系统性思考,我总结出业务模式的底层逻辑是,一个产品,一项业务,总会达到用户数量上限,想要继续增长,就要开辟新的产品和业务,重复前面的步骤并优化,这才是创业中所需要的"迭代"思维。

根据我自己多次创业和判断业务的经验,大家在开辟新产品、新业务时有两个重要方向可供参考。

第一,以最擅长的产业链上、下游为主线,找新机会。越往前端越需要营销,越往后端越需要对成本结构和效率进行提升。每一个产业都值得重新做一遍,就是要盯住一个点。

第二,以基本盘中的用户群体为主线,满足他们的不同需求,寻找新机会。我经常提出不能浪费任何一个用户,现在的获客成本这么高,我们不应该去改变用户,而应该改变自己,这才是真正的以用户为本。

抓住以上两点,可以快速找到自身的新增长方向。

2."用户思维"第一

创业精神是什么样的精神?它的内涵有很多,是少说多干的精神;是一穷二白、白手起家的精神;是想用最便捷的方法让自己活下来的精神;是边打边赢,积小胜为大赢的精神。对于传统公司的变革和再创业,大多很难成功的核心原因是既得利益舍不得放弃,这就好比有些"富二代"的创业经历,身上总是有太多的光环围绕,平时锻炼太少,身子太"虚",上了战场一冲撞就不行了。如果公司或个人忘记了创业精神,经常怡然自得地躺在功劳簿上,给自己设定很多界限,或者臆想很多自己想要实现的场景,那最后只能是无情地被用户抛弃。

如果说以上提到的内涵,是创业精神的基础,那现如今在更多的互联网公司或创业项目中，位列第一的内涵一定是：为用户着想的精神，也就是我们常说的"用户思维"。可以这么说，公司是否具有互联网创业思维的唯一判断标准就是，是否以用户为导向，是否有"用户思维"。这种思维在转型期显得尤为重要和难能可贵，如何落地需要参考以下实践。

（1）用户的真实需求是源泉。一个自信的公司和个人往往会对自己的成功过于依恋，喜欢用经验主义判断事情。经验不是不对，而是会落后。用户需求的变化性是常态，需要动态性地满足，时常保持与用户的互动，引导用户参与决策。

（2）先满足用户的当下需求。的确很多用户无法说出准确的需求，只有当你把具体的产品和方案提供给用户时，他才能准确地回复是否需要。这就给很多人造成假象，用户无法给予准确的需求。在这个临界点，我们必须满足用户浅层的当下需求，通过这样的方式建立与用户的连接，再去引导他们说出未来需求。

（3）用数据去反复迭代。要建立数据样本，通过一个生产周期去反复印证，让公司和用户建立一定的亲密关系。当公司拥有了一定数据量级以后（一般是指一个生产周期），才可以对数据做科学分析及复盘、迭代和调整。这个时候公司可以根据前面的判断去预测用户潜在的和未表达的需求，让用户有"惊喜感"。

所有的业务单元都需要用以上方法与用户建立亲密关系，因此能够形成"以用户为导向"的业务体系，这就是在所有不确定性的发展过程中，确定性的措施和手段。要不断地问自己：做了一个好的产品，到底是要"傲慢"地改变用户还是要真心地满足用户的需求？

现实一定是，大多数人一下子做不出惊天动地的产品和服务，更多的成功是用自己的优势吸引用户，再通过用户的反馈，不断迭代，理解用户，这才是现如今创业精神的内核。我们一定是站在用户的角度，去思考用户真正需要什么，并寻找解决方案，而不是想当然地把你想的给用户，公司和产品的价值一定是因用户的需求而来的，这才是创业的原动力。如果你能做到这一点，那么不管是创业还是做创业型项目，你一定可以做好。

3. 面对不确定性

如果你只是想给自己贴一个"创业者"的标签，或者安上一个"创业思维"的帽子,而不是全身心投入,那么一定不会做长久,因为你很可能在遇到挫折之时就轻易放弃了。创业最大的挑战不是穷,不是累,而是始终面对不确定性。创业最难以忍受的是要经历过山车般的心理波动。因此你要适应并且克服这种不确定性,让自己和同伴确信,你们在做的是一件了不起的事。

在创业过程中,最容易犯的错,就是闭门造车,投入大量的资源,最后却发现根本没有市场。聪明人往往会把事情弄复杂,更聪明的人才能把事情变简单。商业模式一定要简单明确,中间环节不要太多。一个商业模式里面牵涉的环节越多,就越难以协调合作,也就越容易失败。

初期的产品不要追求完美,而要"快、猛、糙"。"快"是要尽快将产品推向市场,让用户验证;"猛"是产品和服务的特点一定要做到位;"糙"是不要在非关键细节上过早花太多时间进行优化。在经营上努力省小钱,在战略上敢于花大钱,这才是成功之法。

4. 创业者的避坑经验

创业,这两个字到底代表什么?曾经因为创业而改变人生的人，很多是当初不得已。当一个人可以继续工作，也可以前去创业时，他就会处在一种犹豫不决的状态中，犹豫不决是因为有选择，是因为想得到更多、更好。而当一个人别无选择时，他选择创业只是为了活下去。

"活下去"的信念简单而又强大，所以他更容易成功。所有为了得到更多和更好而去创业的人，应该多想想这种"只想活下去"的人和自己相遇时，究竟会发生些什么，自己是否有优势。

在创业者的经历中，处处都是刻骨铭心的体会，有痛苦踩"坑"的经历，也有各种各样的经验教训。我与很多创业者交流过，他们也跟我分享了很多通过真实的经历换来的创业思考，在这里也分享给你。

（1）不要沉迷"创业"两个字。

（2）别认为自己是最聪明的那一个。

（3）常常问自己：如果没有我的贡献，这个世界会变得更糟吗？

（4）先别忙着想伟大前程，天下英雄云集响应，先想自己有什么资源，最好一开始全靠自己的力量就能达成。

（5）认清这世界上的一切事物都是等价交换。

经过观察，如今的创业是精英者的游戏，不是谁都可以干的；创业者如果没有"两把刷子"，最后只会是这个时代的陪练者。我曾经在红星美凯龙听到一个让我感动和兴奋的价值观——职业创业。在红星美凯龙商场，地区经理、总监，不仅仅是企业的员工，更是当地的门店"开发商"、门店投资者、门店合伙人，门店的收入、盈亏都与他们自己相关。每一个门店都相当于一个完整的创业团队，每一位门店经理都是完全具备决策权的"老板"。同时，职业创业的合伙人也肩负着经营品牌的责任，不断地提升自己，求改变、求创新。职业创业不仅给了管理者更大的自由度、更自驱的动力，也让门店的效益得到了增长。

很多潜在创业者、具备创业思维的人，缺少的是平台和资源，如果能够以职业创业的心态去践行，那对于每个职业经理人来说是机遇加挑战。对于绝大部分有能力的人来说，职业创业是通向成功的一条捷径，应该牢牢把握住机会，用创业的精神去突破、去成长，并最终获得荣耀。

第六章

向外探寻，越过山丘

看清世界趋势，重塑自我认知。

第一节

认清现实：

挑战和变化已经成为未来常态

我们在前面的章节讨论了自我管理、职场跃迁、组织管理、市场趋势、商业机会的内容，现在，进入最后一个章节。在这一章，我们会将目光放得再远一些，环视整个世界，找到我们自己和这个世界相处的方法，同时找到在宏大的世界当中，我们作为一个又一个的个体存在的方式。

现在，如果要问哪一个词出现频率最高，那很有可能是"不确定性"。在宏观层面，经济形势的变化，市场的变动，"灰犀牛""黑天鹅"频频出现；在微观层面，职场小伙伴也会向我发出疑问，行业在变化，是不是应该早转型、早准备？创业者也会找我"诉苦",冲击、停摆、意外,大大增加了经营的难度……好像唯一能确定的就是"不确定性"。在此境况之下,我们作为个体或组织,应该以怎样的心态继续下去呢?

最重要的一点是自正心态,认清"不确定性"是未来的常态。不确定性,并非只因某件事情的突发而存在,未来都将如此,你的行动决策会因为不确定性的存在而受到影响,你将面临各类挑战。我们在讨论不确定性,以及将挑战变成常态的时候,不是"故意"制造焦虑,而是要提前一步认清现实、看到未来,做好准备。既然无法改变,那一定要坦然接受,去探索属于自己的应对方案,而不是被变化和挑战"打"得措手不及。当你对于不确定性有基础的认识时,那就不会再让自己陷入无限的焦虑之中。而且,越是优秀的人,接触的人和事就越多,他面对的不确定性一定也就越多。可以这么说,如果你发觉生活和工作中不确定性的事所占比重非常大,那你一定是一位优秀的人。

1. 选择拥抱而不是逃避

在现实世界,很多人宁愿拥有一个"铁饭碗",一辈子旱涝保收,也不愿意踏出舒适区,去拥抱一点儿不确定性,去承担一点儿风险。人们厌恶不确定性,是因为厌恶不确定性背后巨大的风险。但是,在不确定性的背后,除了巨大的风险,也可能有巨大的收益。

能成大事的人,在面对不确定性时,拥有不同的风险观。并不是他们承担风险的能力更强,而是其看待风险的视角不一样。他们不仅会把失败的损失看作风险,也会把错过的发展机会看作风险。所以,在面对不确定性时,他们更容易选择拥抱而不是逃避。

人和公司的成长过程,就是一个接受变化和面对不确定性,并努力从中获益的过程。要把"这件事情为什么会发生在我身上"的想法,转换成"这件事情是想教会我什么"。做别人不能做之事,做别人不愿做之事。这样才能拓宽自己的能力边界,积累真正属于自己的资源,不被"平台优势"或"行业红利"所影响。因为有的时候身处一家发展较好的公司或一个风口中的行业,很容易把获得的成果完全对等成自己的能力,对自己产生错误的认知。

对于创业者或公司来说,面对不确定性的核心,是找到自己产品的竞争力,但是生产好产品的系统才是让产品持续保持竞争力的核心。一个能持续生产好产品的系统是能自我生长、自我修复的，能敏感地感知趋势的变化而做出顺应的调整。

2. 变化赢得商机

我经常出差走访一线企业，感受到不确定性和变化对经济形势、市场的影响非常大，也听到了来自一线的些许怨言和无奈，下面结合自己在一线走访的经历，谈谈我对变化的理解。

其实我是特别喜欢变化的，我的工作履历和职位都是在不断的动态变化的，有时候是主动选择，有时候是被动接受。但总体来讲，我觉得变化是我保持活力的源泉。变化最成功的方式是改变自己而非改变环境，所有的变化只是源于自己的心态。如果自己的心态是接受变化的，那么环境的变化只是一个因素而已，可以使环境的每一次变化成为促使自己每一次成功的因素。

每一次变化都需要我们进行自我调整，去主动接受，被动就会变得痛苦。坦然接受变化，因为变化往往意味着商机到来。彼得·德鲁克给企业家的定义是：他们总能发现变化，通常他们并不引起变化，但他们能够利用变化并获得商机。在变化中，我们也许看到了个人的局限性，但不必失落，因为改变问题的前提是看见问题，局限性是障碍，也是机会。

3. 悲观者永远正确，乐观者永远成功

面对不确定性，你的身边一定会有悲观者，对于未来失去信心，陷入焦虑和无力感中。我们得承认，在大多数情况下，悲观者对于风险的判断是正确的，但真相是，可以真的做成事的永远是乐观者。他们拥有行动和改变的勇气，即使现实充满变化和局限，他们也能找到出路。如果身处困境之中，且不是一名乐观主义者，那么只会停在原地，寸步难行。

《连线》杂志的创始人路易斯·罗塞托曾经有一段关于"乐观"的发言：

> 在以往，乐观主义是关于我们的业务、生意，后来，乐观主义是关于如何为创造美好世界制定一个战略。如果你认为未来不会变得更美好的话，你就不会负责任，也就不会发挥你的作用让整个世界变得更好。

乐观的态度能够形成正向循环，因为相信世界会变得更加

美好，所以我们将精力投入到积极的行动之上。虽然我们经常遇到各种阻碍，觉得难以跨越，但当回过头来看种种困难时，发现它们只是存在的时间长短不同而已。如果能够放在历史的长河中，这些困难只是沧海一粟。我仍然坚持我的判断：宏观方面，国家和各地方政府进行政策性推动，市场趋势会进一步稳中向好；微观方面，市场只是在进行正常的优胜劣汰，消费力整体略有波动，但具体到个体则仍会增长。所以，每一家公司、每个人应积极准备，全力打赢经济复苏和业绩提升这一仗。

怎样成为一个乐观主义者？心理学博士普赖斯·普里切特做过总结，我也结合他的观点，分享一些自己的总结和思考，与你共勉。

（1）当你开始担心、焦虑的时候，将关注点从问题上挪开，聚焦于自己的优势。将目光集中在问题的解决方案和未来的可能性上，你的担忧会有所消解。

（2）人们面对未知，难免会有抱怨，如果你控制不住，一直抱怨，那么可以有意识地挖掘那些好的、有利的一面。

（3）如果你的身边存在负能量的人，不要和他们一起陷入负面情绪之中,同情与附和并不会有实际的作用。

(4)每个人都有自己的价值观和判断,但切不可随意批评他人。当你想要批评某人或某事时,先一步自我反省,给自己留出时间以寻找契机。

面对挑战和常态化变化的未来,希望我们都是敢于行动的乐观者,在面对变化时不慌不忙,从容前行。

第二节

抵抗脆弱：
在不确定的未来，找到确定性

不确定性也是商业的本质和常态，很多我们熟知的企业也在为应对挑战做着预案。举个例子，在2022年年末腾讯内部大会的讲话中，和之前以鼓励为主的温和风格不同，马化腾这次讲话的风格"锐利"了很多。大会的主题围绕"降本增效"展开，腾讯要把不适应当下的和未来发展阶段的周边业务进行缩减。马化腾说，很多业务该砍就砍掉，不要留恋。降本增效，应该要形成一种习惯。"习惯"二字也就意味着在未来很长的时间内，都要秉持着应对挑战与变化的决心，万不可松懈，应让"变革"成为企业的常态。

有的企业应对变化的方式是聚焦专注，这也不失为一种抵抗脆弱的方法和战略。比如，宁德时代就在十几年的时间里只专注于一件事：为新能源汽车提供动力电池。在得到 App 香帅老师的"年度得到·香帅中国财富报告（2022—2023）"课程中，提到宁德时代在 2021 年 12 月 3 日到 2022 年 10 月 11 日，在不到一年的时间内股价经历了 7 次大涨大跌，这也是不确定性在市场里最直接的体现，但是这样的变动并不妨碍宁德时代成为动力电池行业的全球第一。除此之外，宁德时代也做出新的拓展尝试，投资造车新势力、入局充电桩事业，谋求新机会。

企业在不确定性的时代中，努力寻找自身发展的确定性，这也给了我们启发。面对变化的冲击，抵抗脆弱、修炼自身、强大自我是每个人都需要思考的命题。以下几个找到确定性的关键点，值得大家参考。

1. 复盘才能翻盘

如果说在充满变化的、不确定性的常态之中，有一种方法可以穿越周期，那一定是保持"复盘"的意识。认真地思考、总结自己，从经验中获得力量，学会复盘才能翻盘。只有知道在做事过程中到底出了什么问题,在未来我们才能更好地调整。复盘可以让自己通过对经验的总结变得更好,拥有应对不确定性的底气,这才是一切的关键。团队里的复盘,不是论功行赏,也不是追责,而是找到可以学习的经验,并把这些经验真正变成能力。将那些偶然可以做好的事情,变成常态化的经验;将那些零星发生错误的可能性,降到最低。

而在复盘实践中,关键点是要抓住"目标回顾",要准确、客观地回答两个问题。

(1)我的目标到底是什么?

(2)我的目标中的关键点是什么?

目标对于自己来说,有明确的指示作用。目标中的量化的成果和准确的时间会推动着自己前进。而这样的复盘和目标感,也能展现出职场人的一种职业化的形象。因为在一个组织中需要协作,协作要让人放心,给予别人一种确定性。确定性从哪里来?确定性从具体的数字和时间里来。

2. 反脆弱

在不确定性之下,我们需要具备的能力还包括反脆弱的能力。有一本书就叫《反脆弱》，书中前言部分举了一个很棒的例子：风会吹灭蜡烛，却能使火越烧越旺。这个例子中迎风的"火"就具有反脆弱性，而"风"代表了不确定性，反脆弱性在不确定的事件中获益。本书作者纳西姆·尼古拉斯·塔勒布做了一个简单的不对称测试：从随机事件（或一定冲击）中获得的有利结果大于不利结果就是反脆弱的，反之则是脆弱的。

具有反脆弱能力的人喜欢波动性、不确定性和随机性。在生活和工作中，我们要适当地引入随机性和不确定性。比如在选择工作时，找一份具有挑战性的工作，在挑战中不断精进自己的能力，寻找更多的可能性；在生活中，适当让自己承受一些压力，这样长此以往，我们就更具有反脆弱的能力了。

塔勒布指出，有些事件一直都很平稳，发展过程几乎呈一条直线，如果发生变化将是毁灭性的，这就是"黑天鹅"事件。拥抱随机性、不确定性，一定程度的混乱反而有助于稳定系统，我们不要一味地贪恋稳定的假象。在美式俚语里，有一个很形象的隐喻，形容愚蠢无用的人为"火鸡"。火鸡是美国感恩节、圣诞节的象征，但是火鸡行动迟缓、笨头笨脑，我们千万不要成为一只无知无感的"火鸡"。

面对未来，我们不要预测，也无法预测。未来是不确定的，风险也是不确定的，现在不能精准预测未来。自由探索和试错，避免无趣，保持好奇心和选择权，这才是最好的"反脆弱"的状态。

很多人都承受着工作的压力，我们要调整好自己的心态。要想实现短期目标，我们可以先选择已确定的事情，按照自己既定的计划去完成，这里有个窍门：一定要做自己想做且能做好的事情。而针对长期目标，则以每一个短期目标的实现，每一件小的确定性事情的完成为前提，通过实践把那些不确定的因素变得可控。缓解压力，最重要的方法是自我实现。就像我最喜欢的一句话：积小胜为大赢，从而实现快速迭代。

3. 追寻可能性

在不确定性的大环境中，有一部分人会选择放弃、"躺平"，这反而错失了自己应对挑战、实现蜕变的机会。其实努力的最大意义，可能是为自己构建一种确定性，并以此来对抗大环境中的不确定性。

但是有的时候，确定性也会带来绝望感。就像很多人离开工作多年的公司，或者放弃当年好不容易挤进的大厂，就是因为不想过那种一眼就能看到头的确定性人生。而努力的目的，就是要让自己拥有更多的选择。当然如果选择太多了，恐怕最后也不全是好事，乱花渐欲迷人眼，人就容易失去清晰的目标。因此努力的目的，也是在更多的选择中找到自己更加清晰的方向，实现自我的价值。真正的高手如塔勒布（他的著作还包括《黑天鹅》等），更喜欢"可能性"而非确定性，因为那意味着自己将拥有更大的成功概率。

冲击、挑战、问题、压力等交织在一起，把我们带入了一个复杂的世界之中。在这样一个流变的时空里，我们更需要突破认知局限，去驾驭未知与变化。

最后我再补充一点，我们要通过深度学习快速迭代自我，寻找与变化共处的解决之道；具备克服不确定性的能力，并从不确定性中获益；拥有一种韧性成长的力量，实现穿越周期的增长。周遭所发生的一切，让我们充分意识到，世界正处于创新云涌时期，多角度的学习，让我们得以发现令人惊喜的新世界，虽然充满挑战与不确定性，但孕育着更大的可能性。

学习作为一种责任，可以帮助我们从不同的视角来看待世界，理解那些与我们的价值观不同的观点，理解那些我们尚未理解的知识，并能够接纳与灵活运用这些知识来解决问题。永续的学习，可以带领我们用知识的光辉驱散无知，用学习的力量探索未知，并以此获得持续成长的基础和动力。也因为学习，让我们感受到在这个未知的世界，依然蕴含着人类内在的精神力量，认识自我，不断探索，跟随智慧，从心向善。

第三节

拥抱未来：
找到自己的路，明天会更好

在本章第二节，我们一起探讨了面对不确定性的正确心态。本节我们会一起探讨未来的行动方案，寻找到底有哪些行之有效的行动建议，可以帮助我们找到自己的发展路径和发展势能，以此从容地走向未来。在不确定之下，最糟糕的一种情况就是"不行动"，或者用"想"代替"做"。不行动的代价会让自己陷入无止境的自我怀疑和自我消耗之中，我们要做的便是意识到问题所在，抓紧时间行动起来。

1. 让自己变得具有确定性

我曾经在给巴黎高等商学院和巴黎商学院的DBA

（Doctor of Business Administration，工商管理博士）和MBA（Master of Business Administration，工商管理硕士）学生讲课的时候，和他们有过关于对大环境"不确定性"的探讨，我给出的回应是首先让自己变得更加确定。

第一点就是要着眼于发挥企业或个人的优势。俗话说，我们很难改变别人，而更容易改变自己，这就是我们需要变得更加确定的缘起。在这个时代，我们要很清楚自己能做什么及不能做什么，所以一定要做自己。这一点对于企业来说也是如此，清晰地认知到自己的核心竞争力，抓住优势、持续精进。

第二点要多做"深度"，少做"宽度"。在发挥个人优势的情况下，一定是做深度功，如1米宽，1000米深。这样才有机会建立壁垒优势，可以让自己在不确定性中去寻找确定性。让更多的人和业务，因为你的确定性来寻找你。这时你已经扎根很深，进入了"花香自开蝶引来"模式。

强大，先做强，后做大，或者不求做大，先做强，这个顺序非常重要。在时代的红利期，高速发展掩盖了很多问题。而在经济调整期就需要我们去查漏补缺，打好个人和企业的根基。需要让自己先变强，做好基本盘，再顺势而为。

面向未来，厚积薄发。在不确定的环境中多夯实基本功，这不是保守，而是务实。以前追求快速和结果，现在追求缓慢和扎实。找到对标对象和企业发展的方向，苦练内功，调整人力资源和组织建设。找到创新的原动力，时刻准备再次出发。面对自己的内心，面对不确定性，能够常常有所反思，不纠结，不偏不倚。找到初心所在，不再信奉机会主义，而是信奉长期主义并坚持做一件事情，慢慢等待价值的回报。

2. 感知变化，自我革新

让我们以全新的视角重新审视人生和社会发展趋势：在将来，自我更新、自我革命、拥抱新事物，是未来人生格局对我们必然的要求。这个时代给予了组织两个重要变量：一是持续的不确定性，二是万物互联。不确定性要求组织保持足够的敏感性和韧性，以感知变化引领创新。

万物互联在带来复杂性的同时提供了应对不确定性的原则，那就是以连接来迎接不确定性。这是一个巨大的挑战，所有的组织和个体都面临着这个挑战。在传统观念里，大多数人过的是"学习、工作、养老"的三段式人生，而随着人们寿命的延长，多段式的人生将成为常态。多段式人生拥有快速变化的节奏，这就要求我们必须时刻做好准备，随时拥抱新事物，学会自我否定与自我更新，习惯于经常跟过去的自己说"再见"。每过一段时间就要把自己清零，敢于放弃已经拥有的东西，包括经验、学识和知识。不敢或不想面对新事物，想吃老本故步自封，只会被这个时代彻底抛弃。

自我革新的方法有哪些？用一句老话来说就是：读万卷书，行万里路，阅人无数。你不妨采取这样的一种心态来读书：把读书看成社交，跨越时空和"牛人"聊几句——只不过那些人要么已不在世，要么相距太远，所以就用读书这样的方法与他们进行交流。你不必认识每个人，也不必和某个人从头聊到尾，可以乘兴而来，兴尽而返。出于对他人精神世界的好奇，阅读就是在"牛人"群中穿梭，可谓随处有风景，随时有收获。

"阅人无数"则是指尽可能地在现实生活中，与不同的人交往、聊天，用最短的时间获得他人最全面的成功的经验或失败的教训。说到底，人是一种社交动物，比起同枯燥的信息打交道，和人在一起更容易有收获感。

3. 成为解决问题的高手，步步求生

在如今这个时代，能够解决复杂问题成了一个人最重要的能力，不拘泥于专业，才能成为解决问题的高手。所谓复杂问题，是指那些具有不确定性的问题，而最具有不确定性的其实就是人类本身。

所以，学习什么专业并不重要，重要的是你能理解人的复杂性，而最好的理解方法是用开放的心态去学习不同领域的知识。基于此，如何提升自己的学习和理解能力就成了选择专业的关键。大家时常会讨论不确定性，很多人都表示悲观。

宋朝名将文天祥说过这样一句话："存心时时可死，行事步步求生。"我在自己的很多文章里提到过这句话，那么它到底是什么意思呢？

时时可死，因为知道一定会"死"（这是规律），在思想上或心理上时刻做好失败的准备。不要痴心妄想，要尊重自然规律，在经济周期调整来临之际，最好的状态是：内心不纠结，用行动做调整。

步步求生，在行动上要时刻向成功的方向努力。即使遵循

自然规律也不放弃任何精彩的瞬间，进一步有进一步的欢喜。每一步都要让自己活下去，这是充满生命力，努力适应外部环境，同时也相信规律的一种做法。这就是寻找人生的确定性的方式，保持弹性，步步求生。

求生是大多数物种的本能，不求永生，是顺应自然规律。所以，用最悲观的方式准备着，用最乐观的方式追求着希望。每一步不白走，进一步有欢喜。

在本章最后，引用张一鸣曾经送给年轻人的一句寄语"Stay hungry，stay young"（保持饥饿，保持年轻）。"Stay hungry"就是要求知若渴，有进取心；而"Stay young"则代表了年轻人的优势之一：不给自己设限。保持年轻心态的人基本没有天花板，一直保持着自我的成长。

落在具体的现实之中就是，在未来每个人必须思考两个问题：自己的道路如何选择？职业生涯如何规划？这两个问题没有标准答案，选择的思路对于每个人来说都不相同，这要看一个人对自己的自信程度和格局大小如何了。你对自己的未来能有多大的信心，就决定了你用多大的格局来做自己的职业规划，对于道路选择、职业选择，根据我走过的路，有以下几点建议供你参考。

（1）早定位，不断迭代。许多人的选择，其实是一种错配，也就是常说的"眼高手低"——你想做的事情没人找你合作，别人让你做的事情你又看不上。所以对职业生涯的定位和思考，越早越好。一开始不够准确，也会走很多弯路，没关系，这是每个人必须经历的阶段。

（2）生存期，拼命成长。在初入职场的阶段，能力、认知、心力都要成长。在28岁之前，是职业生涯的生存期，这个时候要做好长期规划。千万不要去做那种为了"饿不死"多挣点儿钱，但是对长远没有帮助的事情。换句话说，就是不要做把自己的时间用掉之后，却没有获得一点点成长的事情。

（3）上升期，要加速。加速，就是让自己变得越来越有价值，越来越重要。价值＝用户 × 流程。服务最好的用户，在价值链中占据更重要的位置。你的价值取决于你能服务什么样的用户，能在流程中占据什么样的位置。

（4）通透期，自我实现。人一定是为自己工作的，而不是为其他任何人。如果你只是简单地用时间和劳动换取报酬，这个付出的过程本身，并不会让你的时间和劳动越来越值钱。你创造过什么价值，解决过什么问题，积累过什么案例，将会是你的加分项。

（5）使命感，寻找意义。自我实现的愿望，能让人走得更远。能走到这个阶段的人，都是强烈地想实现自我愿望的人——希望实现梦想，被人们记住，在历史上留下自己的名字。假如你在使命期能找到真正的意义，那么应该祝贺自己。

在不确定性的时代，留下对自己的期许，也与有信心拥抱未来的大家共勉，愿我们都拥有美好的未来。

结语 / 后记

洋洋洒洒，絮絮叨叨，总算到了本书的结语部分。有时候我自己也很纠结：写得太多，重复了某一句话或某一个理念，而现在的年轻人最怕讲道理；写得太少，没把某一个问题讲明白，年轻人感觉不到一个观点的通透性。其实写书也好，读书也罢，都是在完成自己的梦想，每个人都要为自己实现一些什么，这也是我一直很认同的一个成事秘诀：自我实现预言，**你的态度和观点，决定了你的未来。**

通过想象，你能够表现得更好，从而更加自信。这就培养了自我效能感。所谓自我效能感，就是你对自己在当前所做的事情上能否取得成功的主观判断。研究表明，在各种努力中，**个人的思维方式决定了自己能否成功。** 简单来说，相比认为自己会失败，如果你认为自己能做好，那么大概率你就能做得比想象中的更好。

当我们把自我效能感和目标设定联系在一起时，就会发现自信心越强，就越愿意制定和追求更宏伟的目标。 举一个很简单的例子，假设你想要学习游泳，在你学会了漂浮，实现了第一个目标后，第二个目标就是踩水，然后就是游较短的距离，接着还有下一个目标。因为这些目标都与游泳相关，所以你的自我效能感也随之得到培养。不久后，游泳横渡湖泊这个曾经难以想象的目标就会让你感觉并不难实现。

随着自我效能感的提高，你会敢于自我实现预言（self-fulfilling prophecy）。自我效能感是基于你的自信，而自我实现预言认为，因为自己和他人预先采取了行动，所以结果就会如预期一样出现。当别人认为某个人会表现出色时，就会预测这个人能取得成功，而这个人的行为就会体现出这种预期，会去努力实现这种期望。在本书，我通过叙述自己的经历和思考，给你分享了很多解决问题、应对挑战、提升自我的方法，也是为了让你可以对自己建立成功的预期，一步一步迈向成功。

这条迈向成功的路注定不会一帆风顺，我们大多时候总是会有些许的抱怨，觉得自己的付出与回报不对等。我的体会是，大部分人拥有的梦想都很远大，但大多数时候能做的事情很少，或者能够做到优秀的事情很少。偶尔可能有这样的人得到了升职，所以自己就形成了错误的结论：我这么努力却得不到回报。

还有一个"古老"的问题：该不该有远大的梦想？当然要有，如果没有，人跟"咸鱼"有什么区别呢？那如何去实现自己的梦想？一定不是跟你身边的人比，特别不应该跟比你差的人比。因为那些人会阻止你的进步，你的远大梦想往往都因为身边这些人的"不堪"，最后使你成为温水里的青蛙，从而放弃了对更好的未来的追寻。

在仰望星空、畅想未来的同时，我们也需要脚踏实地，首先把手头上的工作做到优秀，优秀就是只有少数人能做到，或者做到了且超过了满分。这样的话，那些不及你的人，就"配不上"你了，你的得到与回报就不需要让他们来进行确认了。其次，在我们的工作和远大梦想之间构建一座桥梁。确定实践的路径和方法，让自己每个阶段的付出和得到成为阶梯。不管你是在这个岗位上还是到另外不同的岗位上，逐步地去达到你最终的目的，这样就能反复印证你的付出了，你的远大理想也就能一步一步地被实现了。

让自己做了一些事情，对自己比较满意。活给自己看，做出一些别人不敢做、不愿意做的事情，这就是生命的意义。

附录 A
读者推荐

你可能已经把本书读完，又或者是刚打开本书碰巧翻到了这里。本书的初心，就是想要成为职场进阶者、管理者、创业者身边的微顾问、微教练，在你做选择或做抉择遭遇困惑的时候，我的经验可以给你一些小启发、小帮助。所以在本书出版之前，我在互联网上招募了第一批读书志愿者，让他们来说说他们的感受。他们之中，有职场新人，有企业的中基层管理者，也有正在面临未来选择的大学生。我希望用他们的所思所感，让你也能找到同行者，你可以把他们的读后感当作阅读笔记，着重去看那些"对症下药"的篇章和段落，或者当成"阅读指南"，从你最感兴趣、最迫切想要知道的话题开始本书的阅读。祝你的阅读旅程愉快，能够用我的经验和思考给你带来收获，我很荣幸。

我的职场和我们的事业

创业者　自由撰稿人　王黎晖

相识多年，作为一个基层管理者，伟栋于我亦师亦友。

我俩有个共同的爱好，即每天都会写点儿东西，题材不限、形式随意。不同的是伟栋文字精练，言简意赅，多数时候就是三两句话，点到并不点破，恰到好处还能留下足够的空间让你去体会，而我洋洋洒洒千八百字，摆事实讲道理，旁征博引忙得不亦乐乎。

表面看是风格不同，性格使然，似乎并无优劣之分，伟栋也评价我的文字"俏皮可爱，可读性强"，然有幸通读了本书，我方豁然开朗——这是不同层级的管理者在某件小事上的投影。

王国维先生在《人间词话》中描述过人生的几个境界，我们复习一下。

第一重境界：昨夜西风凋碧树，独上高楼，望尽天涯路。

第二重境界：衣带渐宽终不悔，为伊消得人憔悴。

第三重境界：众里寻她千百度，蓦然回首，那人却在灯火阑珊处。

伟栋在书中也总结和提炼了职场中的五个层级，我觉得尤为重要，更具现实意义。

（1）早定位，不断迭代；（2）生存期，拼命成长；（3）上升期，要加速；（4）通透期，自我实现；（5）使命感，寻找意义。

在这里我就不一一展开赘述了，大家可以参阅本书的第六章，有详细的解读和引申，个人建议大家至少要读六遍，能倒背如流更好。

世人讲"性格决定命运"，伟栋的观点是"**思维方式决定成功与否**"。性格，取决于先天基因和原生家庭，后天改变之概率近乎为零，如此看来此观点透着一丝悲观的气息，当"性格"决定了"命运"，我等凡人是不是就只能被迫地接受命运的定数了呢？而伟栋从管理的角度点了一盏希望的灯，既然"性格"不能改变，那就先接受自己的不优秀或不那么完美，"思维方式"完全可以调整和优化，成功还是足够可行的，只要我们坚信并且持之以恒地努力与付出。

管理者，简单地讲要值得信赖，更要给予团队信心，让团队坚定信念，如此才能振臂一挥，应者云集，勠力同心，所向披靡。癸卯兔年是三年特殊时期之后的第一年，提振信心尤其重要，举国上下概莫能外，加上本书所提供的管理理念和方法，相信大家一定会有不错的收成。

本书的创作，有互联网时代深深的烙印，在书稿的完成过程中大家有深度的互动和交流，每个人从不同的角度提出了不同的建议，然后一起反复打磨雕琢，伟栋作为作者，某种意义上更像"召集人"，而非所谓的"决策者"，这其实挺有意思的，事实上他的人生我们都是参与者和见证者，也是祝福者和建设者。

仰望星空，脚踏实地，感谢伟栋的邀请，让我有幸在本书中留下了我的名字和印迹。

职场人士的进阶秘籍

多多买菜业务负责人 KING（基层管理者）

伟栋老师在我的生活和工作中给予过很多帮助，常常在关键性选择的路口给我指明正确的方向，拜读完本书，仿佛看到了伟栋老师的成长史，他在以言传身教的方式来带动身边人进步。

本书从自我管理、团队管理、职场升迁，以及对未来商业的洞察和发展趋势等方面，向我们展现了一个成功者对自我和社会的理解和看法，供在迷茫和选择中的我们参考。

向内探求，自我管理

专注于价值创造而不是财富创造，这是从个人成长方面理解最深刻的，一个人永远为了钱而工作，就会失去创造价值的动力，在带团队的过程中总会遇到下属这样抱怨："要是给我这么多工资我也可以干。"我一般都会回答："如果你觉得你能力很强，那你就去跳槽吧。"如果你真的可以创造这么高的价值，你的回报一定是成正比的，自己能够创造价值这是"因"，收获回报这是"果"，往往很多人把这两者的关系弄反了。

做一个终身学习者并拥抱变化。只有保持饥渴状态，才能使自己进步，学习知识最快的方法就是阅读，我每个月都会读一本书，可能与工作和专业没关系，但对思考方式的改变会有帮助。拥抱变化就是主动接触新鲜事物，跳出自己的舒适圈，这一点我非常有感触，我一直在传统行业深耕，突然有一天发现互联网成为争相学习的对象，各种新鲜事物相继出现，然而和自己并没有任何关系，这种被时代抛弃的感觉迫使我一定要转型。伟栋老师是我认识的人里面转型最成功的，他告诉我一定要拥抱变化，要改变思维方式。在伟栋老师的启发下我已经成功进入互联网将近三年，我的体会就是不要依赖经验主义，真正依靠的是你思考和解决问题的底层逻辑和方法，所以我们要不断地学习，快速迭代自己，同时也要学会给自己换赛道。

职场发力，实现跃迁

"做一个靠谱的人"，这是最近两个月我一直对自己和团队反复提到的话，之前一直不确定什么样的人才是符合我们要求的人。伟栋老师用简单的两个短语进行了概括，"稳定的情绪和确定的技能。"稳定的情绪就是稳定的产出，我们总会遇到这样的下属，一会儿行一会儿又不行，盯一下可以，不盯又不可以，总是让我们很纠结。看了伟栋老师的书之后再也不纠结了，不靠谱的人本身就不应该共事。如何使自己的团队更靠谱，一方面是要去寻找靠谱的人，另一方面就是通过管理来约束，我总结了六句口诀：盯得紧，重奖罚，高汰换，看得细，挖得深，多复盘。

主动出击，多做反馈，伟栋老师在第二章职场发力模块着重讲了许多，句句箴言，对领导的安排要做到事事有回音，件件有着落。许多职场"小白"没有存在感，同时领导也不知道他做了什么。不知道如何与领导沟通的朋友，特别适合看看这一章，同时我自己也在学习如何让沟通更顺畅。

认识市场，洞察趋势

最后两章伟栋老师对商业未来进行了展望，特别是对未来零售的理解特别精准，其中有一点我很认可，传统行业的转型不仅是互联网的转型，更是数字化的转型。许多企业理解为传统行业是做线下，互联网行业是做线上，其实并不全面，线上商城只是多了一个销售渠道。互联网高效发展的其中一个原因是实行数据化，在生产、销售、财务、招聘、管理等各个环节通过数据的收集和加工应用，极大地提升了组织效率并且创造新的价值，至少在数据生产和应用方面还是有很大空间的。数字经济已经成为国家重要战略，感兴趣的读者可以阅读第四章，那里给我们指明了方向。

最后是利他之心，做事情的起心动念是利己还是利他，往往取得的成果相差甚远。对于团队要帮助团队成员成长，对于客户要解决他的问题，站在真正利他的角度上去思考问题会事半功倍。

回想起自己十多年的工作经历，也是在认识伟栋老师后才有了较大进步，他在用利他之心来帮助自己的小伙伴成长，"阅人无数不如跟着成功者的脚步"，本书将成为许多职业迷茫者的指明灯，只要你坚持做下去，改变就会开始。

提升职场竞争力的武功秘籍

福建桐邦信息科技有限公司法务经理　宁志方

（基层管理者）

初入职场，如何从一个职场"小白"，成长为职场"大拿"？尤其是身处陌生的城市，一无经验、二无人脉，如何能够快速地融入公司，升职加薪？这个问题可能很多人都懵懂无知；也有部分人对答案似乎有一些隐隐约约的感觉，但又觉得遥不可及；或者有些人虽然知道答案，但自认为无法做到。本书将答案掰开揉碎了，一点一点讲解出来，从个人管理、工作方法、职场技巧、工作心得等多方面答疑解惑。如果你正处在职场初期，或者正在经历职场瓶颈期，希望你能从本书中找到答案。

如何快速地提升自己？作者一开场就给出了答案，向内探求、自我管理。通过管理好自己，进而影响他人；正人先正己，做事先做人。强大自己，生活才能美好。强大自己的过程或许会孤单、痛苦。但不知道如何强大自己，改变生活则会更加困难。读完本书，从点滴做起。

工作中不免需要和其他部门进行沟通、合作。如何有效地沟通并达成合作？内部合作：通过统一目标，建立利益结合点，这是我在本书里最深的体会。我所在的部门是法务部，在审阅业务部门的合同时，我们会经常给出一些批示，这个条款因为风险大，需要修改。有时业务部门很不理解，过五关斩六将才谈来的业务，到了公司内部还有关卡。这个时候就需要与业务部门进行沟通，如何通过修改合同来达到既能继续推进业务，又能降低风险，从而找到双方的利益结合点。这样业务部门就能很好接受了。在与业务部门进行沟通时，又可以结合"横向领导力"，推动你提出的建议落地，快速地展现个人魅力。记得有个员工刚入职不到一个月，但公司副总裁对那位员工说："虽然你刚来公司，但我总感觉你已经在公司很久了。"这就是对快速融入公司的新员工的极高评价。

我想将本书比作职场的"武功秘籍"，如果你有幸"拾得"，确是莫大机缘，希望我们一起勤学苦练，成为职场的"武林高手"，勇闯江湖。

"老"职场人的新启发

水星股份产品总监　景炎平（中层管理者）

作为一名"老"职场人，读完本书，将书中的观点与自己近二十年的工作经历对照起来，发现那些但凡"踏"对了的，都是有结果的。如果早些年能看到这样务实和接地气的职场教科级般的书，那么我想我应该比现在做得更好！

整本书逻辑清晰，架构分明；从向内探求，自我管理，到如何实现职场发力，实现跃迁，以及组织管理，洞察趋势，到最后的理解商业，向外探寻，看清世界；逐层展开，又首尾呼应；通篇既有高度提炼的核心观点，又有分层次的展开解读，更有结合实际案例的延展表达，读起来轻松愉悦，又不至于犯"迷糊"。

我个人觉得本书可以作为职场人士的通用指南，不管你是职场"小白"，还是想晋升的有志青年，抑或是职场"大拿"，只要你是一个想要成长的人，都适合。史老师在整本书中用通俗易懂的语言在总结要点和表达观点，没有夸夸其谈的大道理，都是一听就懂的实践真知。我在读每一个观点的时候，大脑中都会同步带出自己的画面感，因为我们在职场中的真实世界就是如此。当然，看文字、懂道理都不难，往往很多人缺乏执行力，史老师用自己的案例告诉你照做之后的结果和收获，相信很多人心中的勇气之门也会被打开。

通读全书我感受最深的就是第一章的"**向内探求，自我管理**"。"我"是一切的因，是根源。奠定了这个基础认知，再结合每一个阶段，运用给到的具体方式方法，落实到行动中去，一切就都水到渠成了。"通过管理好自己，进而影响他人；正人先正己，做事先做人。"对于这一点我的感触颇深，作为一名从基层锻炼起来的管理者，我从不做"甩手掌柜"，核心业务技能和素养一定要不断地迭代和升华，平时高效工作，做好时间管理，日常不断自我提升，工作中不断赋能团队伙伴，所以只要是我带的团队，永远都是战斗力最强的，而且也是对我个人非常认可的。其实这个观点不仅仅适用于工作，也适用于生活，如果懂得这个道理的精髓，并去照做，我们必将终身受益！

其次给我强烈共鸣，并将指引我继续人生的下半场的是第六章**"向外探寻，越过山丘"** 中的第二节内容"抵抗脆弱：在不确定性的未来，找到确定性"。且不说我们这三年所经历的种种意想不到的挑战，每个人稍微盘点一下我们人生已走过的路，就会发现我们其实是在一种现实的不确定性中努力追求着某种确定性，而我们个体实在是太过于渺小了。唯一能做的就是不断地强大自我，修炼自我，抵抗各种脆弱。文章引用了我们身边不同企业在发展过程中面对现实，调整方向和策略，以求持续发展的案例，并总结出三个核心关键方法，拿来就能用。我个人一路走来，其实是在不自知的情况下，做到了这一点，所以至今依然能够稍微自信地继续在职场精进。但是我们身边更多的人其实是不具备这种认知的，很多人都是如同被时代洪流裹挟的浪花，要么被动"迁徙"，要么主动退却。读到这里时，我将更加坚定我人生下半场的走向，继续找到确定性，来匹配不确定性的未来。

本书，于我而言，如同站在一面镜子前，将自己前半生的职场经历，乃至人生的关键时刻都快速地反射了出来，那些做对的过往，让我欣慰，而那些犯过的错，走过的弯路，也让我找到了问题所在。

真心希望本书可以快速面世，让更多的人能更早读到；如今高速发展的时代，我们能借力的就不要再自我琢磨了，反正我已经做好了笔记和重点，为下半场找到了一种加持的力量！如果你是一个职场"小白"，你一定要阅读本书，它会节约你很多时间；如果你是一个追求不断进步和终生成长的人，你更应该阅读本书，它会让你时刻保持清醒，不偏航！如果你有幸读到，那么祝贺你，我们都做出了正确的选择！

> ## 站在巨人的肩膀上看职场
>
> 科锐国际资深猎头　张昕（基层管理者）

在职业生涯中你是否遇到过某个阶段不知如何发力、如何成长的情况？是否在面对市场变化、内外部压力的时候不知该如何选择？我们每个人一定都遇到过类似的情况，此时我们多么渴望身边有一位成功人士可以亲临指点，帮我们答疑解惑！

本书通过真刀实枪的案例，在无比贴近当前的时代背景下，以通俗易懂的语言娓娓道来。让我们仿佛站在了巨人的肩膀上，领略他的人生，感受他的思想光辉，瞭望更广阔的世界，打开认知的维度，给予我们现实生活的启迪。

伟栋是我的校友，在"猎头"眼里，他是互联网大厂年轻高P（高级管理者），博士，连续多年创业者。可谓市场上的稀缺人才，如何靠近他、成为他，在这里你似乎可以找到答案。本书凝聚了他一路走来的成事心得：如何通过自我管理实现个人领域的成功，在职场跃迁过程中如何找到抓手，在组织管理中如何打造团队，在市场中如何保持对趋势的敏感性及找到具体方法，在创新创业过程中有哪些底层逻辑，以及职场中的心态如何管理等。

本书非常适合初入职场想要大干一番的职场人，也适合经历瓶颈期的职场人，同样也适用于领导者、创新者。每个人可以从书中学到的知识和吸收到的内容各不相同。

2022年是不确定的一年，在各大公司收缩业务、降本增效时，对于我们"猎头"行业来说也是沉重的打击。通过本书的观点"当我们把自我效能和目标设定联系在一起时，就会发现自信心越强，人们就越愿意制定和追求更宏伟的目标。"我意识到，今年不是我没有追求了，是我没有以前的自信了。如何重拾信心？本书也告诉我们"缓解压力，最重要的方法是自我实现……积小胜为大赢，从而实现快速迭代"。面对当下，回顾自己，在领域内依旧具备优势，一直坚持"做深度"，不仅是正确的，更是要坚持去做的。继续"服务最好的用户"，不断"在价值链中占据更重要的位置。"依旧信奉长期主义，更因为"乐观者永远成功"，突然感觉到浑身有干劲！

你看，这就是这本实用性很强的书在当下给我的收获。常读常新，我会放在案头，在每一个困惑的当下，翻开寻找属于我自己的答案。非常期待，站在巨人的肩膀上，每一位职场人都可以拥有属于自己的高光时刻！

> ## 先摸黑触壁，后破壁自立
>
> 苏州大学学生　丰粲实（无工作经验）

　　大学，是人生的一个转折点，我们可以去选择自己所想的方向，拥有充足的时间去提升自我。但我觉得很少有大学生能在大学里制定一个详细的规划，去了解职场。本书就解决了这类问题，它让我能够在读大学这个比较迷茫的时期，获取一些关于职场的知识。这让我对于自身的职业规划和未来成长有了更加明确的计划。

　　本书可分为三大阶段，第一个阶段是个人管理，渴望自身能力提升却苦于不知道方法的人可以着重读前三章。本书前三章讲述了从自身技能的杠杆提升，再到职场团队合作的向上管理，从而获取职位晋升，最后讲述如何营造自身主导的队伍和塑造一个成功的团队。

第二个阶段是对当今市场趋势和商业机会的介绍，本书并未用空话和抽象的大趋势来概述，而是根据不同的小标题举出了相应的实例，以一种轻快休闲的语调娓娓道来，让人愿意读。

以上两个阶段特别注重自身能力的提升和对商业趋势的洞察，而第三个阶段，则讲的是另一个不可忽视的东西——精神力量。无论是工作还是学习，都需要一种积极乐观的心态，它会让我们事半功倍，而在每天忙碌的生活中，要有这么一种心态并不容易。最后一个阶段介绍了自身与外在世界的一种和解方式，明确提出生活本就充满不确定性，而我们要做的是在不确定性中寻求确定性，不断精进自身，做好心理管理。

我是一个在校大学生，和大部分学生一样对自身的职业规划感到一头雾水，每天把学校的功课完成，我觉得我的事情就结束了。在读本书的第一章时，我在思考：大学的学习是一种自主学习，如果还像初高中那样学，那就不应该叫作自主学习了，只是一种随大流。而我们要在大学里找到自身的闪光点，需要我们拥有"多做可能多犯错"的意识，去不断尝试新的领域。诚如书中第六章所言,每个人的"性格"大多决定于先天基因和原生家庭,但我们一定就要这样被所谓的"命运"安排吗?史老师的书里给出了希望。人无完人,我们要先接受不完美的自己,通过他人的反馈和一次次自省来认识自己,找到自身的漏洞,再不断地去尝试突破,在一次次的碰壁之中,找到"正确"的、适合自己的方向。

说到"多做可能多犯错",不免会联想到"少做可能少犯错"和"不做就不会犯错"这两兄弟,它们似乎是一种完美的职场逻辑。但它们真的有那么完美吗?我看未必。"少做"意味着你会的永远只有那么多,在这个大时代里,别人进步,你固守"小财",这不也是一种退步吗?平时不锻炼,一旦机会来了,哪怕只是简单的一件小事,都可能做不好。我们再看"不做",职场中,最不缺的就是"事不关己,高高挂起"的人,这种处事方式看似完美,但在他人眼里觉得你不合群,甚至是不思进取,你好像没错,但失去了宝贵的学习机会。"宝剑锋从磨砺出,梅花香自苦寒来。"不磨炼不试错,怎能闻到扑鼻的花香?

每读一本书,都像和作者进行一次灵魂的交流,让我们不自主地去将自身与书中的内容相比较，明确自身的优点与不足。本书是史老师对于过去的一些总结，其中的经验之谈能让职场新人少走很多弯路，也能让职场精英有所感悟和成长。全书以一种闲聊的口吻叙述，但其内容极为精辟，是一本适合职场各阶段的指导书。

先空杯，再进阶

阿里巴巴用户运营专家　郑梦欣（斯禾）

（工作年限：两年）

作为一名初入职场的新人，读完本书之后，收获颇丰。这本有20多年经验沉淀的书，很像一部职场通关宝典，从如何发力实现跃迁到组织管理打造团队，给出了落地性较强的行动指南。此外，书中关于当下市场趋势的洞见及商业模式的理解也是深入浅出的，娓娓道来，读起来颇有趣味。全书结尾面向现实及未来，给出了在不确定性中如何找到确定性、让人生持续精进的方法。

市面有太多鸡汤文风的所谓成功学图书，但本书不讲鸡汤，不讲成功学，没有说教的言语，更多是基于实战的方法论沉淀。无论是像我一样的职场新人，还是希望不断晋升的有为青年，甚至是经验丰富的管理者，都可以从书中窥见几分自己的模样，像照镜子一般，看到个人成长路上那些需要提升而过往被忽略的点。

学生时代，我曾在好几家互联网公司实习过，无论在哪儿，听到前辈对新人告诫最多的一句话就是"先做人，后做事"。初出茅庐的新人，在各种场合的表现欲都会强一点，渴望被看到，渴望有成就，渴望拿到结果。但正如史老师书中所讲的，做人需要有自我觉知，觉察到自己的局限，打破旧的认知，重塑新的自我，在此基础上慢慢来，信奉长期价值，打好基本功，这样反而比凭借一股冲劲儿盲目做事要收获更多可能性。

职场发力，实现跃迁的过程，其实就是一个修炼自我，不断学习的过程。作为新人，一开始就要学会建立自己的信用账户，做一个靠谱的人，通过做好一件件小事、完成好一个个项目不断构建别人对自己的信用评价体系，提升自己的跨部门协作能力。做好向上管理，主动出击，把老板当成可调度的资源，及时反馈，保持同频。在此过程中，不断强化自己的核心优势，保持开放不设限，在快速成长的过程中，最终想要的也会水到渠成。

不断与高手过招，才会成为高手。阅读本书，便如同与高手对话，会让人少走一些弯路。书中有许多精辟的观点，被我按章节用幕布整理成了笔记，形成了一份精简版的全书思维导图。无论处于哪个阶段，在我遇到困惑之时，再次翻阅或许可以看到想要的答案。"向内探求，进行自我管理，再向外探寻，翻越山丘。"

不得不承认，能够在步入职场的前两年就看到本书的我是幸运的，希望有更多的年轻人，能够早日翻开这本职场通关宝典。

以文会友

浙江海洋大学考研学生 林初庆（无工作经验）

非常有幸能在即将入职之际读到伟栋老师这本书。说起来也是非常巧的，我与伟栋老师的相识、相见、再见，总是无意却仿佛注定的。这本重逢的"礼物"帮助了在人生分岔路的我，让我能够对职业规划和未来成长有了更加明确的方向。

在谈本书之前，我更想聊聊我接触本书的过程。我像大多数的"90后""00后"一样心高气傲，我们更加强硬地拒绝无脑服从，有自己认为的态度，在职场中有所谓自己的法则，不喜欢自视甚高的领导和部分"指导"书中灌输给我们的道理。而这，是我强烈推荐本书的理由之一。本书并不像我们所刷到的那些无意义的成功短视频去教我们应该如何成功，有些作者强行将观者的眼界限制到他所谓的成功必胜秘诀中，只谈其鲜亮的外表，而不提及其背后隐藏的弊端。

我很欣赏一句话——我们年轻人更应该有站在阳光下的坦荡，也有直面未知的勇气，人生是旷野，不是轨道，人生不是固定的方程式，也没有唯一的答案。我们可以按照自己的标准去生活，可以根据自身情况去选择自己的人生、自己的成长，不需要也没必要去一味地遵从过去的路。我们是新的一代，在这新时代中，需要新的一代来创造新的天地。本书不谈何为成功，不去评价任何一个"小价值"的岗位，而是去引导我们深度思考我们自己。

对于新生代的年轻人来说，我们不愿意去脚踏实地地经历人生的各个阶段，我们的精神内耗源于20岁的我们受到社交媒体的影响，总是想直接拥有40岁所拥有的生活。当我们无法拥有时，会觉得自己是失败的，从无意义的自我折磨消耗到最终无可奈何地接受。也许刚毕业的我们都会经历，我们总是尽力去活出他人期待的样子，而真正忘记了人的所有期待是成为更美好的自己，人生是否会是一道属于自己的选择题呢？无畏困难，无畏他人的眼光，我们应该成为自己所期待的美好。

最后谈谈我的老师，在我眼里他应该像《天龙八部》里的段誉，有着知不足而勇奋进的心，望远山而前行的谦卑，有时知其可以纵横而行之无惧的狂狷，这是一本书，更是他的一段故事，希望大家可以阅读他的江湖岁月。

数字化时代下领导力的培养与初心

中国管理科学研究院信息产业研究所首席专家

浙江省高层次人才特殊支持计划青年拔尖人才

陈晗

（企业高管）

伟栋于我，亦师亦友，在他身上我看到了许多职场上的可贵品质——知行合一、勤于思考。他不但拥有优秀的大局观，更是见微知著，臻于至善。与他共同组织过几次书院活动，收获颇多。

纵观全书，与其说这是一部职场人的进阶手册，我认为更像他对自己过往经历的一部回忆录，像老友般娓娓道来。书中以大量篇幅描述了他职场跃迁的心路历程、商业洞察，以及一些实用的工作方法和提效工具，一反市面上大多成功学书籍的通篇说教和心灵鸡汤，而是非常接地气的。书中还涉及了他对未来趋势的诸多展望，这一切都来源于他十五年如一日地记录"五项管理工作日志"。他以平实易懂的语言，真实地向我们诠释了一个成功的职场人是如何践行着自己的初心的。

信息技术的不断革新与应用、新型商业模式的不断涌现，以及全球经济一体化的深度发展，都在将更多、更复杂的不确定性带入企业经营的内外部环境之中。今天，人们更是将环境属性浓缩定义为易变性、不确定性、复杂性和模糊性，也就是人们通常所说的乌卡时代（变幻莫测的时代）。在这样一个大背景下，人与组织的关系也在发生改变。伟栋平时说得最多的一句话是"要在不确定的环境中找到确定性"。我们正在经历着数字中国战略的初成，接下来必将是数字引领一切的时代，而关于数字化转型的思考，在书中也有多处提到，而他对新零售的展望部分，更是全书的精华所在，值得从业者反复研读。的确，杰出的领导者都曾从最坎坷的逆境中寻找到积极的意义，在严峻的考验中汲取过力量和智慧。只有经过脱胎换骨，他们才具备了常人所不具备的领导特质，才能展现出在复杂环境面前的掌握感。沃伦·本尼斯认为领导力发展的三要素包括选对人、选对事、支持与评估。在书中也有多处印证了此观点。人才是折腾出来的，那些不靠谱的人，不要再抱有期望去感化、改变他们，而是应该通过赛马，让黑马自己跑出来。我深以为然。

也许本书的读者，大多跟我一样没有机会进入互联网大厂工作，穷其一生在几十人的小公司奋斗，在籍籍无名的三线城市打拼，但始终怀揣着对 BAT（中国互联网公司三巨头）的无限憧憬。通过阅读本书，我们可以了解大厂的人也一样会"焦虑、想躺平、忙碌却一无所获"，也会存在认知上的差距，也一样会有不靠谱的人存在，但亦会有更多人有着对未知世界的探索欲。所以，当我读到"被信任的能力"时，简直不能更赞同。就像是我的思想、感受和思维方式，与作者产生了共鸣，仿佛书里伸出了一只手，与我的手紧握。我想，这也是本书真正可贵之处。看到最后，你会发现但凡管理，都是从"心"出发，都是殊途同归的。

再次感谢伟栋，以言传身教的方式来带动身边人"拥抱变化、持续精进"。以此共勉。

附录 B
推荐阅读书单

本书的撰写接近尾声，不忍放下笔，总想跟我的读者再说点儿什么。还记得我在第六章的"拥抱未来"这一节里，曾经聊过我对阅读的思考。

"自我革新的方法有哪些？用一句老话来说就是：读万卷书，行万里路，阅人无数。你不妨采取这样的一种心态来读书：把读书看成社交，跨越时空和'牛人'聊几句——只不过那些人要么已不在世，要么相距太远，所以就用读书这样的方法与他们进行交流。你不必认识每个人，也不必和某个人从头聊到尾，可以乘兴而来，兴尽而返。出于对他人精神世界的好奇，阅读就是在'牛人'群中穿梭，可谓随处有风景，随时有收获。"

这也是我在几十年的生命当中，一直坚持且一直有收获的一件事。我所读过的书，那些我所受到启发的思想，都成为我一步一步走向未来的养分，我所读过的书也都成为我的工具、我的铠甲。所以，在本书的最后，我要跟你分享那些带给我启发和顿悟的图书,把我的"老朋友"介绍给你。这些书里,有的与商业有关、有的与管理有关,有的与一些了不起的人物的成长经历有关……希望阅读也可以成为你的力量。

1. 罗伯特·艾格,《一生的旅程》,文汇出版社。

2. 陈春花等,《协同共生论》,机械工业出版社。

3. 刘润,《新零售》,中信出版集团。

4. 丹娜·左哈尔,《量子领导者——商业思维和实践的革命》,机械工业出版社。

5. 野口悠纪雄,《把碎片化时间用起来》,文化发展出版社。

6. 安德斯·艾利克森、罗伯特·普尔,《刻意练习:如何从新手到大师》,机械工业出版社。

7. 斯科特·麦克凯恩,《一切行业都是娱乐业》,中信出版集团。

8. 迈克尔·波特,《竞争战略》,中信出版集团。

9. 香帅,"香帅中国财富报告(2022—2023)"课程,得到App。

10. 纳西姆·尼古拉斯·塔勒布,《黑天鹅》,中信出版集团。

11. 纳西姆·尼古拉斯·塔勒布,《反脆弱》,中信出版集团。

12. 黄旭,《13+1 体系：打造持续健康的组织》,机械工业出版社。

13. 钱穆,《阳明学述要》,九州出版社。

14. 彼得·德鲁克,《管理的实践》,机械工业出版社。

15. 彼得·德鲁克,《卓有成效的管理者》,机械工业出版社。

16. 史蒂芬·柯维,《高效能人士的七个习惯》,中国青年出版社。

17. 丹娜·左哈尔,《人单合一：量子管理之道》,中国人民大学出版社。

18. 陈春花,《价值共生：数字化时代的组织管理》,人民邮电出版社。

19. 彼得·德鲁克,《创新与企业家精神》,机械工业出版社。